中华人民共和国城乡规划法

注释本

法律出版社法规中心　编

法律出版社
LAW PRESS CHINA
·北　京·

图书在版编目（CIP）数据

中华人民共和国城乡规划法注释本 / 法律出版社法规中心编. -- 3 版. -- 北京 : 法律出版社, 2025. (法律单行本注释本系列). -- ISBN 978 -7 -5197 -9631 -0

Ⅰ. D922.297.5

中国国家版本馆 CIP 数据核字第 20246CF684 号

中华人民共和国城乡规划法注释本
ZHONGHUA RENMIN GONGHEGUO CHENGXIANG GUIHUAFA ZHUSHIBEN

法律出版社法规中心 编

责任编辑 陶玉霞 陈 熙
装帧设计 李 瞻

出版发行 法律出版社
编辑统筹 法规出版分社
责任校对 张红蕊
责任印制 耿润瑜
经　　销 新华书店

开本 850 毫米 × 1168 毫米 1/32
印张 5.5　**字数** 120 千
版本 2025 年 1 月第 3 版
印次 2025 年 1 月第 1 次印刷
印刷 涿州市星河印刷有限公司

地址：北京市丰台区莲花池西里 7 号(100073)
网址：www.lawpress.com.cn
投稿邮箱：info@lawpress.com.cn
举报盗版邮箱：jbwq@lawpress.com.cn
销售电话：010 - 83938349
客服电话：010 - 83938350
咨询电话：010 - 63939796

书号：ISBN 978 -7 -5197 -9631 -0　**定价**：20.00 元

凡购买本社图书，如有印装错误，我社负责退换。电话：010 - 83938349

编辑出版说明

现代社会是法治社会，社会发展离不开法治护航，百姓福祉少不了法律保障。遇到问题依法解决，已经成为人们处理矛盾、解决纠纷的不二之选。然而，面对纷繁复杂的法律问题，如何精准、高效地找到法律依据，如何完整、准确地理解和运用法律，日益成为人们“学法、用法”的关键所在。

为了帮助读者快速准确地掌握“学法、用法”的本领，我社开创性地推出了“法律单行本注释本系列”丛书，至今已十余年。本丛书历经多次修订完善，现已出版近百个品种，涵盖了社会生活的重要领域，已经成为广大读者学习法律、应用法律之必选图书。

本丛书具有以下特点：

1. 出版机构权威。成立于1954年的法律出版社，是全国首家法律专业出版机构，始终秉承“为人民传播法律”的宗旨，完整记录了中国法治建设发展的全过程，享有“社会科学类全国一级出版社”等荣誉称号，入选“全国百佳图书出版单位”。

2. 编写人员专业。本丛书皆由相关法律领域内的专业人士编写，确保图书内容始终紧跟法治进程，反映最新立法动态，体现条文本义内涵。

3. 法律文本标准。作为专业的法律出版机构，多年来，我社始终使用全国人民代表大会常务委员会公报刊登的法律文本，积淀了丰富的标准法律文本资源，并根据立法进度及时更新相关内容。

4. 条文注解精准。本丛书以立法机关的解读为蓝本，给每个条文提炼出条文主旨，并对重点条文进行注释，使读者能精准掌握立法意图，轻松理解条文内容。

5. 典型案例释疑。本书在相应条文下收录典型案例，提炼裁判要旨，读者可扫描相应的"有章"二维码查看案例原文。

6. 配套附录实用。书末"附录"部分收录的均为重要的相关法律、法规和司法解释，使读者在使用中更为便捷，使全书更为实用。

需要说明的是，本丛书中"适用提要""条文主旨""条文注释"等内容皆是编者为方便读者阅读、理解而编写，不同于国家正式通过、颁布的法律文本，不具有法律效力。本丛书不足之处，恳请读者批评指正。

我们用心打磨本丛书，以期待为法律相关专业的学生释法解疑，致力于为每个公民的合法权益撑起法律的保护伞。

法律出版社法规中心

2024 年 12 月

目　　录

附　录

《中华人民共和国城乡规划法》适用提要

城乡规划是政府指导和调控城乡建设和发展的基本手段，也是政府履行经济调节、市场监管、社会管理和公共服务职责的重要依据。1989 年公布的《城市规划法》[①]（已废止）和 1993 年公布的《村庄和集镇规划建设管理条例》在实施过程中遇到了一些问题，主要体现为：城乡规划管理的二元结构，使乡村规划相对落后于建设发展的需要；规划的科学性和严肃性不够，存在任意修改规划、不按规划进行建设等现象；一些地方的城市建设脱离实际，盲目扩大规模；在长江三角洲、珠江三角洲、环渤海、成渝等地区，城市群的建设和发展迫切需要统筹协调。

面对上述问题，2007 年公布的《城乡规划法》从以下四个方面对有关规定进行了完善：

第一，城乡规划的体系。根据《城乡规划法》的规定，城乡规划是由城镇体系规划、城市规划、镇规划、乡规划和村庄规划组成的一个规划体系。

---

① 为便于阅读，本书中的法律法规名称均使用简称。

第二,城乡规划的原则、编制主体、规划内容以及审批程序。(1)在规划原则方面,《城乡规划法》规定,制定和实施城乡规划,应当遵循城乡统筹、合理布局、节约土地、集约发展和先规划后建设的原则,改善生态环境,促进资源、能源节约和综合利用,保护耕地等自然资源和历史文化遗产,保持地方特色、民族特色和传统风貌,防止污染和其他公害,并符合区域人口发展、国防建设、防灾减灾和公共卫生、公共安全的需要。(2)在编制主体方面,国务院城乡规划主管部门负责全国的城乡规划管理工作,县级以上地方人民政府城乡规划主管部门负责本行政区域内的城乡规划管理工作,使规划成为各级政府调节社会经济活动和履行管理职能的重要手段。(3)在规划内容方面,《城乡规划法》对省域城镇体系规划、城市总体规划、镇总体规划、乡规划、村庄规划的内容作了具体规定,并规定了城市总体规划、镇总体规划的强制性内容。(4)在审批程序方面,城乡规划报送审批前,组织编制机关应当依法将城乡规划草案予以公告,采取多种形式广泛征求专家和社会公众的意见,并将意见采纳情况和理由作为城乡规划报送审批的必备材料。村庄规划在报送审批前,还应当经村民会议或者村民代表会议讨论同意。

第三,城乡规划许可、修改的条件和程序。人民政府应当有计划、分步骤地实施当地的规划,并根据当地的总体规划,制定近期建设规划。规范选址意见书、建设用地规划许可证和建设工程规划许可证或者乡村建设规划许可证的发放,加强了对城乡建设的规划管理。

第四,各级人民政府对规划的层级监督。上级规划主管部门对下级规划主管部门的违法行为有权采取相应措施。

此后,《城乡规划法》于2015年和2019年进行了两次修正,分别修改了第24条和第38条的内容。

由于《城乡规划法》的综合性较强,与之配套的法律、法规也比较多,主要包括:涉及土地开发和利用的《土地管理法》《城市房地产管理法》;对特定区域进行规划、管理的《风景名胜区条例》《历史文化名城名镇名村保护条例》以及规范政府共同行为的《行政许可法》《行政处罚法》等。此外,住房和城乡建设部还颁布了一系列与规划有关的部门规章,如《建制镇规划建设管理办法》《城市设计管理办法》等。

中华人民共和国
城乡规划法

（2007年10月28日第十届全国人民代表大会常务委员会第三十次会议通过　根据2015年4月24日第十二届全国人民代表大会常务委员会第十四次会议《关于修改〈中华人民共和国港口法〉等七部法律的决定》第一次修正　根据2019年4月23日第十三届全国人民代表大会常务委员会第十次会议《关于修改〈中华人民共和国建筑法〉等八部法律的决定》第二次修正）

第一章　总　　则

第一条　【立法目的】[①]为了加强城乡规划管理，协调城乡空间布局，改善人居环境，促进城乡经济社会全面协调可持续发展，制定本法。

---

①　条文主旨为编者所加，下同。

第二条　【适用范围】制定和实施城乡规划，在规划区内进行建设活动，必须遵守本法。

本法所称城乡规划，包括城镇体系规划、城市规划、镇规划、乡规划和村庄规划。城市规划、镇规划分为总体规划和详细规划。详细规划分为控制性详细规划和修建性详细规划。

本法所称规划区，是指城市、镇和村庄的建成区以及因城乡建设和发展需要，必须实行规划控制的区域。规划区的具体范围由有关人民政府在组织编制的城市总体规划、镇总体规划、乡规划和村庄规划中，根据城乡经济社会发展水平和统筹城乡发展的需要划定。

条文注释

本法调整和规范的行为主要分为两类：

一是制定和实施城乡规划。在实践中，制定城乡规划包括城乡规划的编制和批准两个阶段，这两个阶段都要受本法调整。实施城乡规划包括两个层次：(1)各级人民政府按照城乡规划的安排，组织落实城乡规划提出的各项建设要求，实施城乡建设活动；(2)建设单位自己组织进行建设活动，有关的规划主管部门依据本法对这些建设活动进行管理，包括实施行政许可、行政处罚等。

二是在规划区内进行建设活动。任何主体，无论是单位还是个人，在规划区内进行建设活动，都受本法调整。

城乡规划并不是一个覆盖全国所有城市和乡村的规划。城乡规划是一个规划体系的统称，包括城镇体系规划、城市规划、镇规划、乡规划和村庄规划。城市规划、镇规划可分为总体规划和详细规划。详细规划可分为控制性详细规划和修建性详细规划。由此可见,城乡规划是一个多层次的体系,既包括不同行政层级下的各级规划,也包括同一行政层级下的不同层次的规划。城乡规划的体系体现了“一级政府一级规划”的原则,各级政府都应该根据自己的事权,编制相应的规划。城乡规划的体系也体现了“由原则到具体”的原则,既有指导性强的总体规划,也有具体落实到建设活动的详细规划。

“规划区”在本法中是一个非常重要的概念。本条第3款规定:“本法所称规划区,是指城市、镇和村庄的建成区以及因城乡建设和发展需要,必须实行规划控制的区域。规划区的具体范围由有关人民政府在组织编制的城市总体规划、镇总体规划、乡规划和村庄规划中,根据城乡经济社会发展水平和统筹城乡发展的需要划定。”这一规定明确了规划区的性质和形式。在性质上,规划区是指城市、镇和村庄的建成区以及因城乡建设和发展需要,必须实行规划控制的区域。在程序上,规划区的具体范围由有关人民政府在组织编制的城市总体规划、镇总体规划、乡规划和村庄规划中划定。也就是说,有关人民政府在编制城市总体规划、镇总体规划、乡规划和村庄规划时,必须首先确定规划区。规划区是规划主管部门实施规划管理的空间界限。规划主管部门不能在规划区外实施相关的行政许可。建设单位在规划区内的建设活动受到城乡规划的调整。

第三条 【应当编制规划的区域】城市和镇应当依照本法制定城市规划和镇规划。城市、镇规划区内的建设活动应当符合规划要求。

县级以上地方人民政府根据本地农村经济社会发展水平，按照因地制宜、切实可行的原则，确定应当制定乡规划、村庄规划的区域。在确定区域内的乡、村庄，应当依照本法制定规划，规划区内的乡、村庄建设应当符合规划要求。

县级以上地方人民政府鼓励、指导前款规定以外的区域的乡、村庄制定和实施乡规划、村庄规划。

第四条 【制定、实施规划的总体要求】制定和实施城乡规划，应当遵循城乡统筹、合理布局、节约土地、集约发展和先规划后建设的原则，改善生态环境，促进资源、能源节约和综合利用，保护耕地等自然资源和历史文化遗产，保持地方特色、民族特色和传统风貌，防止污染和其他公害，并符合区域人口发展、国防建设、防灾减灾和公共卫生、公共安全的需要。

在规划区内进行建设活动，应当遵守土地管理、自然资源和环境保护等法律、法规的规定。

县级以上地方人民政府应当根据当地经济社会发展的实际，在城市总体规划、镇总体规划中合理确定城市、镇的发展规模、步骤和建设标准。

关联法规

《环境保护法》第 15 ~ 35 条

《土地管理法》第 15 ~ 66 条

第五条　【城市规划与其他规划的关系】城市总体规划、镇总体规划以及乡规划和村庄规划的编制，应当依据国民经济和社会发展规划，并与土地利用总体规划相衔接。

条文注释

目前，我国规划的种类和数量较多。在这些规划中，与城乡规划关系最为密切的是国民经济和社会发展规划、土地利用总体规划。这些规划之间应当互相协调，避免矛盾和冲突，否则规划的落实就会存在问题，规划也发挥不出应有的规范和指导作用。

本条规定，城市总体规划、镇总体规划以及乡规划和村庄规划的编制，应当依据国民经济和社会发展规划，并与土地利用总体规划相衔接。按照这一规定，国民经济和社会发展规划的效力层级较高，是城市总体规划、镇总体规划以及乡规划和村庄规划的编制依据。因此，在内容上，城市总体规划、镇总体规划以及乡规划和村庄规划不能与其发生冲突。土地利用总体规划与城乡规划的效力层级相同，两者虽然重点不同，但是在内容上存在一定的交叉和重叠，因此，本法要求这两个规划互相衔接。

关联法规

《土地管理法》第15～29条

第六条　【城乡规划的经费】各级人民政府应当将城乡规划的编制和管理经费纳入本级财政预算。

第七条　【城乡规划的效力】经依法批准的城乡规划，是城乡建设和规划管理的依据，未经法定程序不得修改。

条文注释

本法第7条规定，经依法批准的城乡规划，是城乡建设和规划管理的依据，未经法定程序不得修改。城乡规划的效力体现在以下三个方面：首先，城乡规划是城乡建设的依据。城乡规划确定了城乡建设的原则、发展方向、空间位置、建设时序等。各级人民政府在组织城乡建设的时候，要严格按照城乡规划确定的内容进行。其次，城乡规划是规划管理的依据。规划管理既包括规划主管部门根据城乡规划进行相应的行政审批，也包括规划主管部门根据城乡规划进行监督管理。本法在"城乡规划的实施"一章中规定了多项行政许可，这些许可的依据都是经批准的城乡规划。最后，城乡规划具有严肃性。城乡规划一经批准，就必须保持稳定，不经过法定的程序不得修改。法定的程序包括法定的条件，只有在符合法定条件的前提下，城乡规划才可以进入修改程序。任意修改规划的行为，以及不按规划进行建设、审批的行为，无论通过其他怎样的程序进行，都属于违法行为。

第八条　【城乡规划的公开】城乡规划组织编制机关应当及时公布经依法批准的城乡规划。但是，法律、行政法规规定不得公开的内容除外。

条文注释

对于经依法批准的城乡规划，城乡规划组织编制机关应当及时公布，但是，法律、行政法规规定不得公开的内容除外。公开对于城乡规划而言有非常重要的意义，因为城乡规划的内容涉及广大人民群众的切身利益，特别是众多建设单位的利益。城乡规划是城乡建设的依据，如果不公开，建设单位就不可能了解规划的要求，从而按照这些要求从事建设活动。城乡规划还是规划管理的依据,按照《行政许可法》的规定,行政许可的条件都必须公开,故城乡规划作为规划行政许可的依据,当然应当公开。规划的公开,是指所有层次和类型的规划都应当公开,并且应当及时公开。但是,由于规划的范围广、内容丰富,对于其中涉及国家秘密的内容,法律、行政法规往往有保密的要求,因此这些内容是可以不公开的。

第九条　【行政管理相对人的权利义务】任何单位和个人都应当遵守经依法批准并公布的城乡规划,服从规划管理,并有权就涉及其利害关系的建设活动是否符合规划的要求向城乡规划主管部门查询。

任何单位和个人都有权向城乡规划主管部门或者其他有关部门举报或者控告违反城乡规划的行为。城乡规划主管部门或者其他有关部门对举报或者控告,应当及时受理并组织核查、处理。

条文注释

本条对行政管理相对人规定了两项义务、两项权利。两项义务是:第一,遵守经依法批准并公布的城乡规划;第二,服从规划管理。遵守规划主要是针对建设活动而言的,建设活动都应当以规划为依据,不能违反规划。服从规划管理,既包括本人或者本单位的建设活动要接受规划管理,也包括对于其他依据规划进行的建设活动,要尽量予以配合。与遵守规划的义务相比,服从规划管理的义务范围更广。

两项权利是:第一,就涉及其利害关系的建设活动是否符合规划的要求向城乡规划主管部门查询;第二,向城乡规划主管部门或者其他有关部门举报或者控告违反城乡规划的行为。就建设活动向规划主管部门查询，体现的是知情权。不仅直接申请规划许可的当事人可以向规划主管部门查询，所有受到有关建设活动影响的利害关系人，都可以向规划主管部门查询。举报和控告违法行为，体现的是监督权。举报一般是指向行政机关报告，控告一般是指向人民法院提出诉讼请求。根据本条的规定，无论对于哪一种情况，城乡规划主管部门或者其他有关部门都应当及时受理并组织核查、处理。

第十条 【鼓励科学规划】国家鼓励采用先进的科学技术，增强城乡规划的科学性，提高城乡规划实施及监督管理的效能。

第十一条 【城乡规划主管部门】国务院城乡规划主管部门负责全国的城乡规划管理工作。

县级以上地方人民政府城乡规划主管部门负责本行政区域内的城乡规划管理工作。

第二章 城乡规划的制定

第十二条 【全国城镇体系规划】国务院城乡规划主管部门会同国务院有关部门组织编制全国城镇体系规划，用于指导省域城镇体系规划、城市总体规划的编制。

全国城镇体系规划由国务院城乡规划主管部门报国务院审批。

第十三条 【省域城镇体系规划】省、自治区人民政府组织编制省域城镇体系规划，报国务院审批。

省域城镇体系规划的内容应当包括：城镇空间布局和规模控制，重大基础设施的布局，为保护生态环境、资源等需要严格控制的区域。

条文注释

根据本法第13条的规定，省域城镇体系规划由省、自治区人民政府组织编制，国务院审批。省域城镇体系规划的内容应当包括：城镇空间布局和规模控制，重大基础设施的布局，为保护生态环境、资源等需要严格控制的区域。具体而言，在实践中，省域城镇体系规划包括以下内容：(1)省域城镇发展战略和发展目标，旨在明确城镇化的速度和目标，以及全省城镇发展的宏观布局；(2)城镇体系的等级体系和空间布局，旨在明确中心城市的层次和各级中心城市的数量，分类提出完善城镇功能、优化城镇布局的原则和要求；(3)城镇土地、水资源等战略性资源的分配原则和调控目标；(4)对支撑城镇发展的基础设施网络和关系城镇人居环境的重要基础设施的建设要求；(5)区域开发管制分区和管制要求，旨在明确许可建设、限制建设和禁止建设的区域，以及需要省政府重点协调和监管的区域；(6)重点城市的规划指引，旨在深化和细化省域城镇体系规划对具体城市在城市发展规模和发展方向、对外交通衔接、生态环境保护和重点控制区域等方面的要求。

本法没有具体规定省域城镇体系规划的作用。但是，从法律对规划层次的规定来看，省域城镇体系规划应当发挥指导城市总体规划、镇总体规划以及乡规划制定的作用，特别是要作为这些规划的审批依据，协调整体与局部的关系。在实践中，省域城镇体系规划还有以下作用：为制定全省城镇化发展战略和相关规划提供依据和基础；强化经济和产业发展的空间引导；优化与调整城镇布局结构；推动区域协调与一体化；优化城乡空间布局；综合协调交通设施等重大基础设施的规划布局；促进生态环境的保护和建设，等等。

关联法规

《环境保护法》第 29 条

《环境影响评价法》第 7～15 条

《省域城镇体系规划编制审批办法》

第十四条　【城市总体规划】城市人民政府组织编制城市总体规划。

直辖市的城市总体规划由直辖市人民政府报国务院审批。省、自治区人民政府所在地的城市以及国务院确定的城市的总体规划，由省、自治区人民政府审查同意后，报国务院审批。其他城市的总体规划，由城市人民政府报省、自治区人民政府审批。

条文注释

规划的制定由规划的编制和规划的审批两个阶段构成。城市总体规划的编制机关是城市人民政府。本条中的城市人民政府，包括直辖市、设区的市和不设区的市的人民政府。城市总体规划的审批机关涉及的情况比较复杂，要根据城市的不同类型来确定。直辖市的城市总体规划由直辖市人民政府报国务院审批。省、自治区人民政府所在地的城市以及国务院确定的城市的总体规划，由省、自治区人民政府审查同意后，报国务院审批。也就是说，这一类城市的总体规划，需要经过省、自治区人民政府的审批，最终由国务院来进行审批。其中所称的国务院确定的城市,是指国务院根据各城市发展的实际情况,指定一部分非省会城市,要求其总体规划必须由国务院来审批。这类城市往往是所在区域的重要城市,其发展要求对其所在的区域影响较大,需要国务院控制其发展方向和规模。其他城市的总体规划,由城市人民政府报省、自治区人民政府审批。这里所说的其他城市,包括除直辖市和国务院指定的要求其总体规划报国务院审批的较大城市以外的其他设区的市和不设区的市两类,这两类城市的规划都统一由省、自治区人民政府审批。

第十五条　【镇总体规划】县人民政府组织编制县人民政府所在地镇的总体规划,报上一级人民政府审批。其他镇的总体规划由镇人民政府组织编制,报上一级人民政府审批。

关联法规

《建制镇规划建设管理办法》

第十六条　【人民代表大会在城乡规划制定中的作用】省、自治区人民政府组织编制的省域城镇体系规划,城市、县人民政府组织编制的总体规划,在报上一级人民政府审批前,应当先经本级人民代表大会常务委员会审议,常务委员会组成人员的审议意见交由本级人民政府研究处理。

镇人民政府组织编制的镇总体规划,在报上一级人民政府审批前,应当先经镇人民代表大会审议,代表的审议意见交由本级人民政府研究处理。

规划的组织编制机关报送审批省域城镇体系规划、城市总体规划或者镇总体规划，应当将本级人民代表大会常务委员会组成人员或者镇人民代表大会代表的审议意见和根据审议意见修改规划的情况一并报送。

关联法规

《省域城镇体系规划编制审批办法》

典型案例

湛江喜强工业气体有限公司与遂溪县住房和城乡规划建设局等编制并批准土地利用总体规划纠纷案①

要旨：就城镇总体规划可诉性而言，总体规划内容实施尚有不确定性，且需借助详细规划尤其是修建性详细规划才能实施，更需要通过“一书两证”才能得以具体化。当事人认为总体规划内容侵犯其合法权益的，应当通过对实施总体规划的详细规划尤其是修建性详细规划的异议程序以及对颁发或不颁发“一书两证”行政行为的司法审查程序寻求救济。对总体规划的监督既可以通过《城乡规划法》第十六条等规定的民主审议程序进行，也可以通过专业判断和公众参与等程序进行，但不宜通过司法审查程序监督。

① 参见最高人民法院(2019)最高法行申10407号行政裁定书。

第十七条　【城市、镇总体规划的内容】城市总体规划、镇总体规划的内容应当包括：城市、镇的发展布局，功能分区，用地布局，综合交通体系，禁止、限制和适宜建设的地域范围，各类专项规划等。

规划区范围、规划区内建设用地规模、基础设施和公共服务设施用地、水源地和水系、基本农田和绿化用地、环境保护、自然与历史文化遗产保护以及防灾减灾等内容，应当作为城市总体规划、镇总体规划的强制性内容。

城市总体规划、镇总体规划的规划期限一般为二十年。城市总体规划还应当对城市更长远的发展作出预测性安排。

条文注释

城市总体规划、镇总体规划的内容应当包括：城市、镇的发展布局，功能分区，用地布局，综合交通体系，禁止、限制和适宜建设的地域范围，各类专项规划等。由此可知，城市、镇的总体规划，既是点的规划，又是面的规划；既要规定城市、镇规划区内各项建设活动的空间布局，又要对整个市域和镇域的发展布局作出安排，这体现了本法统筹城乡发展、避免城乡分割规划的思路。同时，城市、镇总体规划的内容也体现了城乡规划不仅要规范建设活动，还要明确适宜建设的地区，规定禁止和限制建设的地区。

城市、镇总体规划的内容分为强制性内容和非强制性内容。其中强制性内容包括：规划区范围、规划区内建设用地规模、基础设施和公共服务设施用地、水源地和水系、基本农田和绿化用地、环境保护、自然与历史文化遗产保护以及防灾减灾等。区分强制性内容和非强制性内容，不意味着前者必须遵守而后者可遵守可不遵守。强制性内容的意义不在于其由国家强制力保证实施，而在于以下两个方面：首先，强制性内容是所有的城市、镇总体规划中都必须有的内容，没有这些内容的城市、镇总体规划是不完整的，不能通过相关人民政府审批；其次，强制性内容的修改应遵循专门的规定，比非强制性内容的修改更加严格，并且一般情况下是不被允许的。

城市、镇总体规划应当明确规划期限，规划期限一般为20年。规划期限的确定既要考虑可操作性，也要考虑前瞻性。城市规划在对未来20年左右的建设活动进行规划的同时，还要对更长远的发展作出展望。

关联法规

《环境保护法》第29、35条

《环境影响评价法》第7～15、29条

《土地管理法》第34、37条

《建制镇规划建设管理办法》

《城市绿线管理办法》

《城市紫线管理办法》

《城市蓝线管理办法》

《城市黄线管理办法》

第十八条 【乡、村庄规划的制定原则和内容】乡规划、村庄规划应当从农村实际出发，尊重村民意愿，体现地方和农村特色。

乡规划、村庄规划的内容应当包括：规划区范围，住宅、道路、供水、排水、供电、垃圾收集、畜禽养殖场所等农村生产、生活服务设施、公益事业等各项建设的用地布局、建设要求，以及对耕地等自然资源和历史文化遗产保护、防灾减灾等的具体安排。乡规划还应当包括本行政区域内的村庄发展布局。

关联法规

《土地管理法》第33、37、59条

第十九条　【控制性详细规划】城市人民政府城乡规划主管部门根据城市总体规划的要求，组织编制城市的控制性详细规划，经本级人民政府批准后，报本级人民代表大会常务委员会和上一级人民政府备案。

条文注释

控制性详细规划，是以总体规划为依据，进一步深化总体规划的意图，为有效地控制用地和实施规划管理而编制的详细规划。控制性详细规划对近期建设或者开发地区的地块规划方案进行细化，确定各类用地的性质、人口密度和建筑容量，确定规划区内的市政公用设施和交通设施的建设条件以及内部道路和外部道路的联系，提出控制性指标和规划管理要求，为土地综合开发和规划管理提供必要的依据，同时指导修建性详细规划的编制。

关联法规

《建制镇规划建设管理办法》

第二十条　【镇的详细规划】镇人民政府根据镇总体规划的要求，组织编制镇的控制性详细规划，报上一级人民政府审批。县人民政府所在地镇的控制性详细规划，由县人民政府城乡规划主管部门根据镇总体规划的要求组织编制，经县人民政府批准后，报本级人民代表大会常务委员会和上一级人民政府备案。

第二十一条 【修建性详细规划】城市、县人民政府城乡规划主管部门和镇人民政府可以组织编制重要地块的修建性详细规划。修建性详细规划应当符合控制性详细规划。

条文注释

本法第21条中的修建性详细规划，是在控制性详细规划确定的规划设计条件下编制的，直接对建设项目和周围环境进行具体的安排和设计，确定各类建筑、各项基础工程设施和公共服务设施的具体配置，并根据建筑和绿化空间布局进行环境景观设计，为各项建筑工程设计和施工图设计提供依据的详细规则。

由于修建性详细规划的内容比较详细，所以不是总体规划确定的整个规划区都有必要制定修建性详细规划，城市、县人民政府城乡规划主管部门和镇人民政府可以组织编制重要地块的修建性详细规划。修建性详细规划应当符合控制性详细规划。由于修建性详细规划不是必须制定的，所以法律没有对这类规划的审批作出规定，但是修建性详细规划在内容上必须符合控制性详细规划。

第二十二条 【乡、村庄规划的制定主体】乡、镇人民政府组织编制乡规划、村庄规划，报上一级人民政府审批。村庄规划在报送审批前，应当经村民会议或者村民代表会议讨论同意。

第二十三条 【首都的规划】首都的总体规划、详细规划应当统筹考虑中央国家机关用地布局和空间安排的需要。

第二十四条 【承担具体编制城乡规划任务的单位】城乡规划组织编制机关应当委托具有相应资质等级的单位承担城乡规划的具体编制工作。

从事城乡规划编制工作应当具备下列条件，并经国务院城乡规划主管部门或者省、自治区、直辖市人民政府城乡规划主管部门依法审查合格，取得相应等级的资质证书后，方可在资质等级许可的范围内从事城乡规划编制工作：

（一）有法人资格；

（二）有规定数量的经相关行业协会注册的规划师；

（三）有规定数量的相关专业技术人员；

（四）有相应的技术装备；

（五）有健全的技术、质量、财务管理制度。

编制城乡规划必须遵守国家有关标准。

关联法规

《行政许可法》

《城乡规划编制单位资质管理规定》

第二十五条 【编制规划所需的基础资料】编制城乡规划，应当具备国家规定的勘察、测绘、气象、地震、水文、环境等基础资料。

县级以上地方人民政府有关主管部门应当根据编制城乡规划的需要,及时提供有关基础资料。

关联法规

《环境影响评价法》第7~15条

第二十六条 【规划编制的民主性】城乡规划报送审批前,组织编制机关应当依法将城乡规划草案予以公告,并采取论证会、听证会或者其他方式征求专家和公众的意见。公告的时间不得少于三十日。

组织编制机关应当充分考虑专家和公众的意见,并在报送审批的材料中附具意见采纳情况及理由。

条文注释

目前城乡规划管理中存在的一个突出问题是,规划的科学性和严肃性有待提高,有的地方在制定规划和实施规划的过程中缺乏充分的专家论证和广泛的社会参与。民主性是科学性的前提,只有允许社会公众广泛参与到规划制定过程中,充分反映自己的利益要求,城乡规划才能协调好不同的利益要求,才是科学的。同时,在规划编制过程中引入公众参与,也是对规划编制过程的监督。为了加强规划编制的民主性,从而提高规划的科学性,本条规定,城乡规划报送审批前,组织编制机关应当依法将城乡规划草案予以公告,并采取论证会、听证会或者其他方式征求专家和公众的意见。公告的时间不得少于30日。组织编制机关应当充分考虑专家和公众的意见,并在报送审批的材料中附具意见采纳情况及理由。

听取意见的各种方式中,最正式也最重要的是听证会。

从世界各国的传统来看，听证会是一种正式的质证活动。听证会的代表要从真正的利益相关人中选取，要具有代表性。听证会要有专门的主持人，听证过程中要有质证环节，听证的结果要和最后的行政决定联系起来，不能听而不证。在实践中，一些地方和部门把听证会与座谈会混为一谈，听证会流于形式，最后的行政决定往往根据听证会以外的因素作出，听证过程中形成的记录没有成为最后决定的依据。这种情况是违反听证会要求的。在广泛听取意见的过程中，不仅要重视专家的意见，也要重视利益相关的群众的意见。因为最了解情况的是规划影响的当事人，最有动力对规划编制进行监督的也是规划影响的当事人，最应该在规划编制过程中被纳入考量的同样是规划影响的当事人。所以在听取意见的时候，要平衡专家意见和利害关系人的意见，两者不可偏废。不能简单地认为专家意见比利害关系人意见更有说服力，甚至可以取代利害关系人意见。这是一种漠视公民权利的观念。

为了从制度上保证规划公开的效果，本条不仅规定了规划草案应当公开，应采取多种形式而非一种形式听取意见，而且规定了组织编制机关应当充分考虑专家和公众的意见，并在报送审批的材料中附具意见采纳情况及理由。

关联法规

《行政许可法》第46～48条

第二十七条 【规划批准前的审查】省域城镇体系规划、城市总体规划、镇总体规划批准前，审批机关应当组织专家和有关部门进行审查。

第三章　城乡规划的实施

第二十八条　【实施城乡规划的总体要求】地方各级人民政府应当根据当地经济社会发展水平，量力而行，尊重群众意愿，有计划、分步骤地组织实施城乡规划。

第二十九条　【城、镇、乡、村庄建设和发展的原则】城市的建设和发展，应当优先安排基础设施以及公共服务设施的建设，妥善处理新区开发与旧区改建的关系，统筹兼顾进城务工人员生活和周边农村经济社会发展、村民生产与生活的需要。

镇的建设和发展，应当结合农村经济社会发展和产业结构调整，优先安排供水、排水、供电、供气、道路、通信、广播电视等基础设施和学校、卫生院、文化站、幼儿园、福利院等公共服务设施的建设，为周边农村提供服务。

乡、村庄的建设和发展，应当因地制宜、节约用地，发挥村民自治组织的作用，引导村民合理进行建设，改善农村生产、生活条件。

关联法规

《建制镇规划建设管理办法》

第三十条　【城市新区开发和建设的原则】城市新区的开发和建设，应当合理确定建设规模和时序，充分利用现有市政基础设施和公共服务设施，严格保护自然资源和生态环境，体现地方特色。

在城市总体规划、镇总体规划确定的建设用地范围以外，不得设立各类开发区和城市新区。

条文注释

城市新区的开发和建设要体现两项原则：一是合理建设、集约发展的原则。也就是说，城市新区的开发和建设，应当合理确定建设规模和时序，充分利用现有市政基础设施和公共服务设施，严格保护自然资源和生态环境，体现地方特色。二是先规划、后开发建设的原则。只有在被纳入城乡规划区的建设用地范围的地区，才能进行新区的开发和建设。在城市总体规划、镇总体规划确定的建设用地范围以外，不得设立各类开发区和城市新区。这样就杜绝了一些地区盲目扩张，以新区开发为名，擅自突破规划确定的建设用地总量进行开发和建设的情况。没有规划，就不允许进行新区的开发和建设。新区的开发、建设必须有规划作为依据才能进行。

第三十一条　【旧城区改建的原则】旧城区的改建，应当保护历史文化遗产和传统风貌，合理确定拆迁和建设规模，有计划地对危房集中、基础设施落后等地段进行改建。

历史文化名城、名镇、名村的保护以及受保护建筑物的维护和使用，应当遵守有关法律、行政法规和国务院的规定。

条文注释

城市旧城区的改建应当解决好两个关系：第一个关系是新与旧的关系。城市旧区的改建要注意保护历史文化遗产和传统风貌；特别是历史文化名城、名镇、名村的保护以及受保护建筑物的维护和使用，应当遵守有关法律、行政法规和国务院的规定。《文物保护法》对历史文化名城和村镇的保护作了原则性的规定，《历史文化名城名镇名村保护条例》则是保护历史文化名城、名镇、名村的专门法规。《历史文化名城名镇名村保护条例》第 13 条第 1、2 款规定："历史文化名城批准公布后，历史文化名城人民政府应当组织编制历史文化名城保护规划。历史文化名镇、名村批准公布后，所在地县级人民政府应当组织编制历史文化名镇、名村保护规划。"第 15 条规定："历史文化名城、名镇保护规划的规划期限应当与城市、镇总体规划的规划期限相一致；历史文化名村保护规划的规划期限应当与村庄规划的规划期限相一致。"第 33 条第 1 款规定："历史建筑的所有权人应当按照保护规划的要求，负责历史建筑的维护和修缮。"在这个意义上，本条第 2 款实际上是一个授权条款。第二个关系是必要和可能的关系，旧城改造要合理确定拆迁和建设规模，有计划地对危房集中、基础设施落后等地段进行改建，防止一哄而上式的改造方式。

关联法规

《历史文化名城名镇名村保护条例》

第三十二条 【城市建设和发展与风景名胜区保护的关系】城乡建设和发展，应当依法保护和合理利用风景名胜资源，统筹安排风景名胜区及周边乡、镇、村庄的建设。

风景名胜区的规划、建设和管理，应当遵守有关法律、行政法规和国务院的规定。

关联法规

《风景名胜区条例》

第三十三条　【城市地下空间的开发和利用的原则】 城市地下空间的开发和利用，应当与经济和技术发展水平相适应，遵循统筹安排、综合开发、合理利用的原则，充分考虑防灾减灾、人民防空和通信等需要，并符合城市规划，履行规划审批手续。

第三十四条　【近期建设规划】 城市、县、镇人民政府应当根据城市总体规划、镇总体规划、土地利用总体规划和年度计划以及国民经济和社会发展规划，制定近期建设规划，报总体规划审批机关备案。

近期建设规划应当以重要基础设施、公共服务设施和中低收入居民住房建设以及生态环境保护为重点内容，明确近期建设的时序、发展方向和空间布局。近期建设规划的规划期限为五年。

第三十五条　【禁止擅自改变用途的用地】 城乡规划确定的铁路、公路、港口、机场、道路、绿地、输配电设施及输电线路走廊、通信设施、广播电视设施、管道设施、河道、水库、水源地、自然保护区、防汛通道、消防通道、核电站、垃圾填埋场及焚烧厂、污水处理厂和公共服务设施的用地以及其他需要依法保护的用地，禁止擅自改变用途。

关联法规

《水法》

《防洪法》

《环境影响评价法》第16～28、31条

第三十六条 【需领取选址意见书的建设工程】按照国家规定需要有关部门批准或者核准的建设项目，以划拨方式提供国有土地使用权的，建设单位在报送有关部门批准或者核准前，应当向城乡规划主管部门申请核发选址意见书。

前款规定以外的建设项目不需要申请选址意见书。

条文注释

需要申请领取选址意见书的建设项目必须同时满足以下三个条件：

第一，在城市、镇规划区内。规划主管部门只能在规划区内实施规划许可，不能在规划区外核发选址意见书。

第二，建设项目需要有关部门批准或者核准。按照国家投资体制改革的方向，建设项目的立项审批分为批准、核准和备案三种。由于备案是一种事后监督的方式，不需要向投资管理部门申请任何许可文件，而建设项目选址意见书是为获得立项许可文件服务的，所以只需要向投资主管部门备案的建设工程无须领取选址意见书。

第三，以划拨方式提供国有土地使用权。按照现行法律规定，取得国有土地使用权的方式只有划拨和出让两种方式。以出让方式取得国有土地使用权的建设项目，出让前规划条件已经纳入国有土地使用权出让合同，没有必要再申请核发选址意见书，因此，只有以划拨方式取得国有土地使用权的建设项目才可能需要申请领取选址意见书。

其他建设工程，都不需要领取建设项目选址意见书。值得注意的是，《村庄和集镇规划建设管理条例》确立了对村庄、集镇规划区内乡(镇)企业、公共设施、公益事业建设核发选址意见书的制度。但是，根据本条第2款的规定，这些建设工程都不再需要申请选址意见书。本法实施后，《村庄和集镇规划建设管理条例》并不废止，但是有关规划许可的内容应当以本法为准。

关联法规

《行政许可法》第29～57条

第三十七条　【对划拨土地的规划管理】在城市、镇规划区内以划拨方式提供国有土地使用权的建设项目，经有关部门批准、核准、备案后，建设单位应当向城市、县人民政府城乡规划主管部门提出建设用地规划许可申请，由城市、县人民政府城乡规划主管部门依据控制性详细规划核定建设用地的位置、面积、允许建设的范围，核发建设用地规划许可证。

建设单位在取得建设用地规划许可证后，方可向县级以上地方人民政府土地主管部门申请用地，经县级以上人民政府审批后，由土地主管部门划拨土地。

关联法规

《土地管理法》第44、52、53、59～61条

《城市房地产管理法》第8～24条

《行政许可法》第29～57条

《建制镇规划建设管理办法》

第三十八条　【对出让土地的规划管理】在城市、镇规划区内以出让方式提供国有土地使用权的，在国有土地使用权出让前，城市、县人民政府城乡规划主管部门应

当依据控制性详细规划，提出出让地块的位置、使用性质、开发强度等规划条件，作为国有土地使用权出让合同的组成部分。未确定规划条件的地块，不得出让国有土地使用权。

以出让方式取得国有土地使用权的建设项目，建设单位在取得建设项目的批准、核准、备案文件和签订国有土地使用权出让合同后，向城市、县人民政府城乡规划主管部门领取建设用地规划许可证。

城市、县人民政府城乡规划主管部门不得在建设用地规划许可证中，擅自改变作为国有土地使用权出让合同组成部分的规划条件。

条文注释

出让土地的规划管理分为两个部分：首先是对出让地块的规划管理。在城市、镇规划区内以出让方式提供国有土地使用权的，在国有土地使用权出让前，城市、县人民政府城乡规划主管部门应当依据控制性详细规划，提出出让地块的位置、使用性质、开发强度等规划条件，作为国有土地使用权出让合同的组成部分。未确定规划条件的地块，不得出让国有土地使用权。

其次是核发建设用地规划许可证。以出让方式取得国有土地使用权的建设项目，建设单位在取得建设项目的批准、核准、备案文件和签订国有土地使用权出让合同后，向城市、县人民政府城乡规划主管部门领取建设用地规划许可证。这里所说的是“领取”建设用地规划许可证。因为在出让土地的情形下，相关地块的规划条件已经体现在出让合同中，规划主管部门需要做的工作是确认这些规划条件是否已经依法写入出让合同，建设用地规划许可证只是一个确认的形式，不存在实质性审查。因此，法律为了简化程序，尽量便利当事人，规定了领取建设用地规划许可证的要求。

由于建设用地规划许可证是对国有土地使用权出让合同中规划条件的确认，因此，建设用地规划许可证中写明的规划条件和国有土地使用权出让合同中的规划条件就应当严格一致。城市、县人民政府城乡规划主管部门不得在建设用地规划许可证中，擅自改变作为国有土地使用权出让合同组成部分的规划条件。

关联法规

《行政许可法》第29～57条

《土地管理法实施条例》第39、40条

《建制镇规划建设管理办法》

第三十九条　【规划对国有土地使用权出让合同效力的影响】规划条件未纳入国有土地使用权出让合同的，该国有土地使用权出让合同无效；对未取得建设用地规划许可证的建设单位批准用地的，由县级以上人民政府撤销有关批准文件；占用土地的，应当及时退回；给当事人造成损失的，应当依法给予赔偿。

条文注释

根据本法第38条第1款的规定，在国有土地使用权出让前，城市、县人民政府城乡规划主管部门应当依据控制性详细规划，提出出让地块的位置、使用性质、开发强度等规划条件，作为国有土地使用权出让合同的组成部分。规划条件未纳入国有土地使用权出让合同的，该国有土地使用权出让合同无效。这里的合同无效，是合同的当然无效、绝对无效和自始无效。也就是说，这种无效无须专门的机关进行宣告，当事人对无效的结果也无法进行补救，无效的效果追溯到合同签订之时。因此，未将规划条件纳入国有土地使用权出让合同，是一种后果非常严重的行为。

在城市、镇规划区内以划拨方式提供国有土地使用权的建设项目，无须签订国有土地使用权出让合同，建设单位在取得建设用地规划许可证后，向有关部门申请取得国有土地使用权。因此，本条中规定，对未取得建设用地规划许可证的建设单位批准用地的，由县级以上人民政府撤销有关批准文件。

无论是合同无效，还是撤销有关批准文件，都会导致建设单位无法取得国有土地使用权。因此，建设单位已经占用土地的，应当及时退回；由于政府违法行为造成建设单位无法取得国有土地使用权，确实给当事人造成损失的，国家应当依法给予赔偿。

关联法规

《城市房地产管理法》第8～24条

第四十条　【建设工程规划许可证的申请程序】在城市、镇规划区内进行建筑物、构筑物、道路、管线和其他工程建设的，建设单位或者个人应当向城市、县人民政府城乡规划主管部门或者省、自治区、直辖市人民政府确定的镇人民政府申请办理建设工程规划许可证。

申请办理建设工程规划许可证，应当提交使用土地的有关证明文件、建设工程设计方案等材料。需要建设单位编制修建性详细规划的建设项目，还应当提交修建性详细规划。对符合控制性详细规划和规划条件的，由城市、县人民政府城乡规划主管部门或者省、自治区、直辖市人民政府确定的镇人民政府核发建设工程规划许可证。

城市、县人民政府城乡规划主管部门或者省、自治区、直辖市人民政府确定的镇人民政府应当依法将经审定的修建性详细规划、建设工程设计方案的总平面图予以公布。

关联法规

《行政许可法》第22～57条

典型案例

南阳天力货物运输有限公司与南阳瑞格实业有限公司租赁合同纠纷案[1]

要旨：在城镇规划区内进行工程建设应向城乡规划主管部门申请办理建设工程规划许可证，系法律的强制性规定，上诉人系建设单位，依据《城乡规划法》第四十条的规定，在建设仓库、办公室等应事先取得规划主管部门的建设工程规划许可证等建设手续，案涉建筑物未办理建设工程规划许可证的过错在上诉人。

① 参见河南省南阳市中级人民法院(2023)豫13民终1984号二审判决书。

第四十一条 【在乡、村庄规划区内进行建设的行政许可】在乡、村庄规划区内进行乡镇企业、乡村公共设施和公益事业建设的，建设单位或者个人应当向乡、镇人民政府提出申请，由乡、镇人民政府报城市、县人民政府城乡规划主管部门核发乡村建设规划许可证。

在乡、村庄规划区内使用原有宅基地进行农村村民住宅建设的规划管理办法，由省、自治区、直辖市制定。

在乡、村庄规划区内进行乡镇企业、乡村公共设施和公益事业建设以及农村村民住宅建设，不得占用农用地；确需占用农用地的，应当依照《中华人民共和国土地管理法》有关规定办理农用地转用审批手续后，由城市、县人民政府城乡规划主管部门核发乡村建设规划许可证。

建设单位或者个人在取得乡村建设规划许可证后，方可办理用地审批手续。

条文注释

在城市、镇规划区内进行建设，根据不同的情况需要领取选址意见书、建设用地规划许可证、建设工程规划许可证。其中，选址意见书主要针对需要有关部门批准或者核准并且通过划拨方式取得土地的建设工程；建设用地规划许可证主要针对需要出让或者划拨土地的建设工程；建设工程规划许可证则是所有建设工程都需要领取的。但是对于乡村建设来说，规划行政管理要在加强规划管理，遏止乡村建设无序、浪费土地，与便民、利民之间实现一个平衡。

本法在《村庄和集镇规划建设管理条例》规定的乡村建设工程规划审批的基础上，对农村建设的规划审批进行了简化：

首先，需要进行规划审批的建设工程可分为两类：(1)在乡、村庄规划区内进行的乡镇企业、乡村公共设施和公益事业建设。这些建设工程一般是由村集体或者乡人民政府组织兴建的，占地较多，对乡村环境和农民生活影响较大，因此对于这些工程进行规划控制是必要的，也是可行的。(2)需要占用农用地进行的村民住宅建设。由于涉及农用地转用，对于这类村民住宅建设，有必要进行规划控制，从而对有关土地利用的管理行为形成必要的制约。此外，还有一类建设活动，即村民利用自家原有宅基地进行建设。对于这一类建设活动是否需要规划审批，本法没有进行统一的规定，而是授权省、自治区、直辖市制定专门的规定，以决定对这类建设活动是否进行规划控制。

其次，规划审批的程序同样可分为两种情况：(1)不涉及农用地转用，而是直接利用乡、村庄规划区内建设用地的，建设单位或者个人应当向乡、镇人民政府提出申请，由乡、镇人民政府报城市、县人民政府城乡规划主管部门核发乡村建设规划许可证。这一规定也体现了便民的要求。(2)建设活动确需占用农用地的，应当在依照《土地管理法》有关规定办理农用地转用审批手续后，由城市、县人民政府城乡规划主管部门核发乡村建设规划许可证。

《土地管理法》第44条规定："建设占用土地，涉及农用地转为建设用地的，应当办理农用地转用审批手续。永久基本农田转为建设用地的，由国务院批准。在土地利用总体规划确定的城市和村庄、集镇建设用地规模范围内，为实施该规划而将永久基本农田以外的农用地转为建设用地的，按土地利用年度计划分批次按照国务院规定由原批准土地利用总体规划的机关或者其授权的机关批准。在已批准的农用地转用范围内,具体建设项目用地可以由市、县人民政府批准。在土地利用总体规划确定的城市和村庄、集镇建设用地规模范围外,将永久基本农田以外的农用地转为建设用地的,由国务院或者国务院授权的省、自治区、直辖市人民政府批准。"

建设单位或者个人在取得乡村建设规划许可证后,方可办理用地审批手续。

第四十二条　【城乡规划行政许可地域范围的限制】城乡规划主管部门不得在城乡规划确定的建设用地范围以外作出规划许可。

第四十三条　【规划条件的变更】建设单位应当按照规划条件进行建设;确需变更的,必须向城市、县人民政府城乡规划主管部门提出申请。变更内容不符合控制性详细规划的,城乡规划主管部门不得批准。城市、县人民政府城乡规划主管部门应当及时将依法变更后的规划条件通报同级土地主管部门并公示。

建设单位应当及时将依法变更后的规划条件报有关人民政府土地主管部门备案。

关联法规

《土地管理法》第56条

第四十四条　【临时建设的规划管理】在城市、镇规划区内进行临时建设的,应当经城市、县人民政府城乡规划主管部门批准。临时建设影响近期建设规划或者控制性详细规划的实施以及交通、市容、安全等的，不得批准。

临时建设应当在批准的使用期限内自行拆除。

临时建设和临时用地规划管理的具体办法，由省、自治区、直辖市人民政府制定。

关联法规

《建制镇规划建设管理办法》

第四十五条　【对建设工程是否符合规划条件的核实】县级以上地方人民政府城乡规划主管部门按照国务院规定对建设工程是否符合规划条件予以核实。未经核实或者经核实不符合规划条件的，建设单位不得组织竣工验收。

建设单位应当在竣工验收后六个月内向城乡规划主管部门报送有关竣工验收资料。

典型案例

陈某、周某等房屋买卖合同纠纷案①

要旨：根据《城乡规划法》第四十五条规定，县级以上地方人民政府城乡规划主管部门按照规定对建设工程是否符合规划条件予以核实。未经核实或经核实不符合规划条件的，建设单位不得组织竣工

① 参见黑龙江省大庆市让胡路区人民法院（2022）黑0604民初6860号民事一审判决书。

验收。本案中，被告违反了上述规定，在没有规划验收的情况下将房屋先行交付给购房者，致使部分业主私占空间，私封露台导致规划部门不予验收，从而无法完成向产权登记机关报备登记材料的义务，致使原告在规定的期限内没有取得产权证，上述情况不符合不可抗力构成条件，被告不能以此理由免责。

第四章　城乡规划的修改

第四十六条　【定期评估和征求意见】省域城镇体系规划、城市总体规划、镇总体规划的组织编制机关，应当组织有关部门和专家定期对规划实施情况进行评估，并采取论证会、听证会或者其他方式征求公众意见。组织编制机关应当向本级人民代表大会常务委员会、镇人民代表大会和原审批机关提出评估报告并附具征求意见的情况。

条文注释

城乡规划的制定并非一个一劳永逸的过程。规划安排的是长期的建设活动，规划期限一般是20年。也就是说，规划需要在现有资料和实际情况的基础上，对未来20年的发展进行空间布局，因此，规划内容必然建立在对未来情况的预测之上。这种预测应当是科学的，但是由于人类认识的局限性，经济社会的发展有可能超过人们的预期，从而使原来科学的预测变得不再科学。城乡规划必须和实践需要相适应，否则规划就失去了其指导和规范意义。因此，规划制定以后，要定期进行评估，以确认规划是否体现了实践发展的需要，是否在实践发展的基础上仍然具有科学性。

省域城镇体系规划、城市总体规划、镇总体规划的组织编制机关，应当组织有关部门和专家定期对规划实施情况进行评估，并采取论证会、听证会或者其他方式征求公众意见。组织编制机关应当向本级人民代表大会常务委员会、镇人民代表大会和原审批机关提出评估报告并附具征求意见的情况。这种定期的评估一般是一年一次，经济发展越快，这种评估的频率就应当越高。评估要讲究科学，因此，必须将专家意见和群众意见结合起来，像规划的制定一样，既要从技术上保证规划适应形势发展，也要让规划充分反映不同的利益要求，实现其利益调节功能。评估的结果要向本级人民代表大会常务委员会、镇人民代表大会和原审批机关报告，使这些机关可以根据评估结果作出必要的决定，如对规划进行必要的修改等。

第四十七条　【城乡规划修改的条件和程序】有下列情形之一的，组织编制机关方可按照规定的权限和程序修改省域城镇体系规划、城市总体规划、镇总体规划：

（一）上级人民政府制定的城乡规划发生变更，提出修改规划要求的；

（二）行政区划调整确需修改规划的；

（三）因国务院批准重大建设工程确需修改规划的；

（四）经评估确需修改规划的；

（五）城乡规划的审批机关认为应当修改规划的其他情形。

修改省域城镇体系规划、城市总体规划、镇总体规划前，组织编制机关应当对原规划的实施情况进行总结，并向原审批机关报告；修改涉及城市总体规划、镇总体规划强制性内容的，应当先向原审批机关提出专题报告，经同意后，方可编制修改方案。

修改后的省域城镇体系规划、城市总体规划、镇总体规划，应当依照本法第十三条、第十四条、第十五条和第十六条规定的审批程序报批。

第四十八条 【控制性详细规划的修改】修改控制性详细规划的，组织编制机关应当对修改的必要性进行论证，征求规划地段内利害关系人的意见，并向原审批机关提出专题报告，经原审批机关同意后，方可编制修改方案。修改后的控制性详细规划，应当依照本法第十九条、第二十条规定的审批程序报批。控制性详细规划修改涉及城市总体规划、镇总体规划的强制性内容的，应当先修改总体规划。

修改乡规划、村庄规划的，应当依照本法第二十二条规定的审批程序报批。

条文注释

控制性详细规划是规划审批的直接依据，因而从理论上说，控制性详细规划的全部内容都相当于总体规划中的强制性内容。因此，控制性详细规划的修改程序就应当比照总体规划强制性内容的修改程序。同时，由于控制性详细规划的修改直接涉及规划审批的内容，对规划区域内的利害关系人会产生直接的影响，因此，控制性详细规划内容的修改也要考虑利益关系人的权益。基于此，本法第48条中规定，控制性详细规划的修改首先要进行必要性论证，征求规划地段内利害关系人的意见，并向原审批机关提出专题报告，经原审批机关同意后，方可编制修改方案。也就是说，控制性详细规划在修改前需要就修改的技术性要求进行论证，同时也要听取社会意见。修改后的控制性详细规划，应当依照新制定的控制性详细规划的审批程序报批。控制性详细规划修改涉及城市总体规划、镇总体规划的强制性内容的，应当先修改总体规划。控制性详细规划的内容始终不能抵触总体规划。由于总体规划中的强制性内容都是刚性的内容，如果控制性详细规划的修改出现抵触总体规划中强制性内容的情况，必须首先对这些强制性内容进行修改，而且修改程序为强制性内容的修改程序，而不是一般总体规划的修改程序。

第四十九条 【近期建设规划的修改】城市、县、镇人民政府修改近期建设规划的，应当将修改后的近期建设规划报总体规划审批机关备案。

第五十条 【修改规划给当事人造成损失的补偿】在选址意见书、建设用地规划许可证、建设工程规划许可证或者乡村建设规划许可证发放后，因依法修改城乡规划给被许可人合法权益造成损失的，应当依法给予补偿。

经依法审定的修建性详细规划、建设工程设计方案的总平面图不得随意修改；确需修改的，城乡规划主管部门应当采取听证会等形式，听取利害关系人的意见；因修改给利害关系人合法权益造成损失的，应当依法给予补偿。

条文注释

规划的修改一般不会直接给当事人造成损失，但由于规划是行政审批和建设活动的依据，规划的修改可能间接地给当事人造成损失。规划的修改间接给当事人造成损失的，包括两种情况：

一是规划修改以后，根据规划发放的选址意见书、建设用地规划许可证、建设工程规划许可证或者乡村建设规划许可证可能会因此失效，从而给当事人造成损失。根据《行政许可法》规定的信赖利益保护原则，行政许可作出以后，如果因为非归责于审批机关的行为而被撤销，由此给当事人造成损失的，国家应当给予补偿。因此，在选址意见书、建设用地规划许可证、建设工程规划许可证或者乡村建设规划许可证发放后，因依法修改城乡规划给被许可人合法权益造成损失的，应当依法给予补偿。这种应该给予补偿的损失，应当是由于行政许可被撤销而直接造成的，行政许可被撤销与损失之间存在直接的因果关系。

二是规划修改以后，根据规划制定的修建性详细规划和建设工程施工设计方案的总平面图也需要进行相应修改，从而对利害关系人的合法权益造成损害。经依法审定的修建性详细规划、建设工程设计方案的总平面图不得随意修改；确需修改的，城乡规划主管部门应当采取听证会等形式，听取利害关系人的意见；因修改给利害关系人合法权益造成损失的，应当依法给予补偿。

关联法规

《行政许可法》第 46 ~48 条

第五章　监督检查

第五十一条　【城乡规划主管部门的监督】县级以上人民政府及其城乡规划主管部门应当加强对城乡规划编制、审批、实施、修改的监督检查。

第五十二条　【各级人大对规划实施的监督】地方各级人民政府应当向本级人民代表大会常务委员会或者乡、镇人民代表大会报告城乡规划的实施情况，并接受监督。

第五十三条　【城乡规划主管部门进行监督的权利和义务】县级以上人民政府城乡规划主管部门对城乡规划的实施情况进行监督检查，有权采取以下措施：

（一）要求有关单位和人员提供与监督事项有关的文件、资料，并进行复制；

（二）要求有关单位和人员就监督事项涉及的问题作出解释和说明，并根据需要进入现场进行勘测；

（三）责令有关单位和人员停止违反有关城乡规划的法律、法规的行为。

城乡规划主管部门的工作人员履行前款规定的监督检查职责，应当出示执法证件。被监督检查的单位和人员应当予以配合，不得妨碍和阻挠依法进行的监督检查活动。

第五十四条　【监督结果的公开】监督检查情况和处理结果应当依法公开,供公众查阅和监督。

第五十五条　【国家机关工作人员违法行为的处理】城乡规划主管部门在查处违反本法规定的行为时,发现国家机关工作人员依法应当给予行政处分的,应当向其任免机关或者监察机关提出处分建议。

第五十六条　【对行政不作为的处理】依照本法规定应当给予行政处罚,而有关城乡规划主管部门不给予行政处罚的,上级人民政府城乡规划主管部门有权责令其作出行政处罚决定或者建议有关人民政府责令其给予行政处罚。

条文注释

行政机关对违法行为进行处罚,是其履行管理职能的重要形式。对违法行为进行处罚,维护的是法律的尊严和正常的法律秩序。但是,在实践中,行政机关对应当给予处罚的违法行为不予处罚的情况却时有发生。这属于一种行政不作为,监督机关有义务对其进行纠正。

本法第56条规定,依照本法规定应当给予行政处罚,而有关城乡规划主管部门不给予行政处罚的,上级人民政府城乡规划主管部门有权责令其作出行政处罚决定或者建议有关人民政府责令其给予行政处罚。也就是说,上级人民政府城乡规划主管部门不能越级进行行政处罚,但是可以要求下级人民政府城乡规划主管部门给予处罚,或者建议有关人民政府责令其对违法行为进行处罚。

关联法规

《行政处罚法》

第五十七条 【对违法行政许可的处理】城乡规划主管部门违反本法规定作出行政许可的，上级人民政府城乡规划主管部门有权责令其撤销或者直接撤销该行政许可。因撤销行政许可给当事人合法权益造成损失的，应当依法给予赔偿。

条文注释

本法规定的有关规划实施的行政许可行为，包括选址意见书、建设用地规划许可证、建设工程规划许可证（“一书两证”）的颁发。在实践中，可能存在不该许可的许可了、该许可的没有许可的情形。这些都是违法行为，监督机关应当对其进行纠正。

本条规定，城乡规划主管部门违反本法规定作出行政许可的，上级人民政府城乡规划主管部门有权责令其撤销或者直接撤销该行政许可。因撤销行政许可给当事人合法权益造成损失的，应当依法给予赔偿。因此，本法规定的许可监督，主要是针对不该许可的许可了的情形，而没有涉及该许可的没有许可的情形。对于不该许可的，如果规划主管部门进行了许可，上级人民政府城乡规划主管部门有权责令其撤销或者直接撤销该行政许可。与违法行政处罚不同，对于违法行政许可，上级规划主管部门可以直接作出撤销的决定，而不仅仅是可以责令有关规划主管部门撤销或者建议有关人民政府责令规划主管部门撤销。这就给了监督部门更大的权力。但是，根据《行政许可法》规定的信赖利益保护原则，因撤销许可给当事人造成损失的，应当依法给予赔偿。

“依法”包括补偿程序依法和补偿标准依法两个方面。

关联法规

《行政许可法》第71、76条

《国家赔偿法》第3～16条

第六章　法律责任

第五十八条　【未按规定制定规划的人民政府的法律责任】对依法应当编制城乡规划而未组织编制，或者未按法定程序编制、审批、修改城乡规划的，由上级人民政府责令改正，通报批评；对有关人民政府负责人和其他直接责任人员依法给予处分。

第五十九条　【委托不具资质的单位承担规划编制任务的法律责任】城乡规划组织编制机关委托不具有相应资质等级的单位编制城乡规划的，由上级人民政府责令改正，通报批评；对有关人民政府负责人和其他直接责任人员依法给予处分。

第六十条　【镇人民政府和县级以上城乡规划主管部门需承担法律责任的违法行为】镇人民政府或者县级以上人民政府城乡规划主管部门有下列行为之一的，由本级人民政府、上级人民政府城乡规划主管部门或者监察机关依据职权责令改正，通报批评；对直接负责的主管人员和其他直接责任人员依法给予处分：

（一）未依法组织编制城市的控制性详细规划、县人民政府所在地镇的控制性详细规划的；

（二）超越职权或者对不符合法定条件的申请人核发选址意见书、建设用地规划许可证、建设工程规划许可证、乡村建设规划许可证的；

（三）对符合法定条件的申请人未在法定期限内核发选址意见书、建设用地规划许可证、建设工程规划许可证、乡村建设规划许可证的；

（四）未依法对经审定的修建性详细规划、建设工程设计方案的总平面图予以公布的；

（五）同意修改修建性详细规划、建设工程设计方案的总平面图前未采取听证会等形式听取利害关系人的意见的；

（六）发现未依法取得规划许可或者违反规划许可的规定在规划区内进行建设的行为，而不予查处或者接到举报后不依法处理的。

第六十一条　【县级以上人民政府其他部门的法律责任】县级以上人民政府有关部门有下列行为之一的，由本级人民政府或者上级人民政府有关部门责令改正，通报批评；对直接负责的主管人员和其他直接责任人员依法给予处分：

（一）对未依法取得选址意见书的建设项目核发建设项目批准文件的；

（二）未依法在国有土地使用权出让合同中确定规划条件或者改变国有土地使用权出让合同中依法确定的规划条件的；

（三）对未依法取得建设用地规划许可证的建设单位划拨国有土地使用权的。

条文注释

城乡规划管理不仅仅是城乡规划主管部门的工作，其涉及多个政府部门的职能，只有这些部门密切配合、共同协作，才能保证城乡规划的落实。这种情况尤其体现在规划的行政许可中。规划的落实涉及不同种类、不同功能的多个许可，只有这些许可之间相互衔接，才能发挥出城乡规划许可应有的作用。因此，县级以上地方人民政府除城乡规划主管部门以外的其他部门如果未按照本法的要求履行必要的职责，就应当承担法律责任。相关的违法行为包括：(1)对未依法取得选址意见书的建设项目核发建设项目批准文件的，这类违法行为的主体主要是各级政府的发展和改革主管部门；(2)未依法在国有土地使用权出让合同中确定规划条件或者改变国有土地使用权出让合同中依法确定的规划条件的，这类违法行为的主体主要是各级人民政府土地主管部门；(3)对未依法取得建设用地规划许可证的建设单位划拨国有土地使用权的，这类违法行为的主体主要是各级人民政府土地主管部门。

上述违法行为的法律责任是：由本级人民政府或者上级人民政府有关部门责令改正，通报批评；对直接负责的主管人员和其他直接责任人员依法给予处分。

第六十二条 【城乡规划编制单位的法律责任】城乡规划编制单位有下列行为之一的，由所在地城市、县人民政府城乡规划主管部门责令限期改正，处合同约定的规划编制费一倍以上二倍以下的罚款；情节严重的，责令停业整顿，由原发证机关降低资质等级或者吊销资质证书；造成损失的，依法承担赔偿责任：

（一）超越资质等级许可的范围承揽城乡规划编制工作的；

（二）违反国家有关标准编制城乡规划的。

未依法取得资质证书承揽城乡规划编制工作的，由县级以上地方人民政府城乡规划主管部门责令停止违法行为，依照前款规定处以罚款；造成损失的，依法承担赔偿责任。

以欺骗手段取得资质证书承揽城乡规划编制工作的，由原发证机关吊销资质证书，依照本条第一款规定处以罚款；造成损失的，依法承担赔偿责任。

关联法规

《国家赔偿法》第3～16条

第六十三条　【规划编制单位取得资质证书后不再符合条件的法律责任】城乡规划编制单位取得资质证书后，不再符合相应的资质条件的，由原发证机关责令限期改正；逾期不改正的，降低资质等级或者吊销资质证书。

第六十四条　【建设单位违法行为的法律责任】未取得建设工程规划许可证或者未按照建设工程规划许可证的规定进行建设的，由县级以上地方人民政府城乡规划主管部门责令停止建设；尚可采取改正措施消除对规划实施的影响的，限期改正，处建设工程造价百分之五以上百分之十以下的罚款；无法采取改正措施消除影响的，限期拆除，不能拆除的，没收实物或者违法收入，可以并处建设工程造价百分之十以下的罚款。

条文注释

建设单位在城乡规划管理中的义务主要是按照规划的要求进行建设。在城乡规划管理中，规划要求集中体现在有关的规划许可文件中，建设单位应当按照这些许可文件的规定进行建设。在城乡规划管理中，建设单位的违法行为主要体现为没有取得相应许可，或者虽然取得许可，但是没有按照许可要求进行建设。

建设单位没有取得许可，或者未按照许可文件进行建设的，由县级以上地方人民政府城乡规划主管部门责令停止建设。也就是说，主管部门发现违法行为后，应当立刻责令停止该行为，避免违法行为的影响扩大。建设停止以后，根据实际情况进行不同的处理：

其一，尚可采取改正措施消除对规划实施的影响的，限期改正，处建设工程造价5%以上10%以下的罚款。所谓"尚可采取改正措施消除对规划实施的影响的"，包括两种情况：(1)建筑物本身可以进行必要的修正，如拆除一定的部分等，使原本不符合规划的建设活动符合规划要求；(2)建设活动虽然未取得规划许可，但是符合规划的要求，因此可以补办必要的规划审批手续。这类违法行为的法律责任是承担相应的罚款。

其二，无法采取改正措施消除影响的，限期拆除，不能拆除的，没收实物或者违法收入，可以并处建设工程造价10%以下的罚款。所谓"无法采取改正措施消除影响的"，是指建设活动严重违法，而且这种违法行为不仅在程序上违反了本法规定的管理程序，还违反了城乡规划本身，并且是严重违反城乡规划，从而无法对建筑物进行修正。对于这类行为，必须拆除违法建筑，或者没收实物或违法收入。

关联法规

《行政处罚法》

典型案例

陈某琴、朱某北排除妨害纠纷案①

要旨：根据《城乡规划法》第四十条第一款规定，在城市、镇规划区内进行的建（构）筑物，应当向城市、县人民政府城乡规划主管部门申请办理建设工程规划许可证。本案中，被告搭建的案涉棚屋未在青阳县自然资源和规划局办理任何规划许可手续。根据《城乡规划法》第六十四条“未取得建设工程规划许可证或者未按照建设工程规划许可证的规定进行建设的，由县级以上地方人民政府城乡规划主管部门责令停止建设……”的规定，对于违章建筑的认定和处理，属于国家有关行政机关的职权范围。因此，原告要求被告“拆除造成妨害的搭建物”“退出占用的排水沟部分”的诉请，不属于人民法院受理民事诉讼的范围，应予驳回。

① 参见安徽省青阳县人民法院（2021）皖1723民初2731号一审民事裁定书。

第六十五条 【乡村建设中违反规划行为的法律责任】在乡、村庄规划区内未依法取得乡村建设规划许可证或者未按照乡村建设规划许可证的规定进行建设的，由乡、镇人民政府责令停止建设、限期改正；逾期不改正的，可以拆除。

第六十六条 【临时建设违法行为的法律责任】建设单位或者个人有下列行为之一的，由所在地城市、县人民政府城乡规划主管部门责令限期拆除，可以并处临时建设工程造价一倍以下的罚款：

（一）未经批准进行临时建设的；

（二）未按照批准内容进行临时建设的；

（三）临时建筑物、构筑物超过批准期限不拆除的。

条文注释

根据本法的规定，临时建设应当经过规划主管部门的批准，而且临时建设只能是“临时”存在，也就是只能在许可的期限内存在，超过许可期限的临时建设就是违法建设。具体来说，根据本法第66条的规定，临时建设在规划管理中可能有以下违法行为：(1)未经批准进行临时建设的；(2)未按照批准内容进行临时建设的；(3)临时建筑物、构筑物超过批准期限不拆除的。

对于上述违法行为，由所在地城市、县人民政府城乡规划主管部门责令限期拆除，可以并处临时建设工程造价一倍以下的罚款。临时建设违法的法律责任主要是拆除，一般来说，拆除以后就可以消除违法行为的影响，不需要给予罚款的处罚。但是，一些临时建设确实影响巨大，如果仅仅只是拆除，不足以消除其影响。所以本条规定，对违法的临时建设，拆除后仍然可以进行罚款的行政处罚。

关联法规

《行政处罚法》

第六十七条　【建设工程竣工后不报送竣工验收资料的法律责任】建设单位未在建设工程竣工验收后六个月内向城乡规划主管部门报送有关竣工验收资料的，由所在地城市、县人民政府城乡规划主管部门责令限期补报；逾期不补报的，处一万元以上五万元以下的罚款。

关联法规

《行政处罚法》

第六十八条　【违章建筑的强制拆除】城乡规划主管部门作出责令停止建设或者限期拆除的决定后，当事人不停止建设或者逾期不拆除的，建设工程所在地县级以上地方人民政府可以责成有关部门采取查封施工现场、强制拆除等措施。

条文注释

违反城乡规划的建筑如果不能采取补救措施，应当进行拆除，以消除违章建筑对城乡建设秩序的破坏，维护规划的权威。但是，在实践中，城乡规划主管部门作出责令停止建设或者限期拆除的决定后，当事人不停止建设或者逾期不拆除的情况时有发生。在这种情况下，建设工程所在地县级以上地方人民政府可以责成有关部门采取查封施工现场、强制拆除等措施。

本条赋予了县级以上地方人民政府对违章建筑的强制

拆除权。根据世界各国的惯例,强制执行权或者属于行政机关,或者属于司法机关,或者由司法机关与行政机关共有。从我国的立法实践来看,行政行为的强制执行权原则上属于司法机关,行政机关在法律有专门规定的情况下,可以享有强制执行权。本条将强制拆除违章建筑的权力赋予了行政机关,因为违章建筑数量较多、分布较为分散、违法事实明显,所以由行政机关强制拆除,有利于提高效率,一般也不会产生行政机关滥用职权、侵害公民合法权益的问题。

第六十九条 【刑事责任】违反本法规定,构成犯罪的,依法追究刑事责任。

第七章 附 则

第七十条 【施行日期】本法自 2008 年 1 月 1 日起施行。《中华人民共和国城市规划法》同时废止。

条文注释

本法是在《城市规划法》和《村庄和集镇规划建设管理条例》的基础上制定的。其中,《村庄和集镇规划建设管理条例》不仅规定了村庄和集镇规划的制定与实施,而且对村庄和集镇的建设活动进行了规范,而本法只涉及相关规划的编制和实施。所以本法施行以后,《城市规划法》可以被完全取代,不再实施,而《村庄和集镇规划建设管理条例》中只有关于村庄、集镇规划制定与实施的内容被本法取代,其中关于村庄、集镇建设活动管理的内容仍然有效。

附录

中华人民共和国
土地管理法(节录)

(1986年6月25日第六届全国人民代表大会常务委员会第十六次会议通过　根据1988年12月29日第七届全国人民代表大会常务委员会第五次会议《关于修改〈中华人民共和国土地管理法〉的决定》第一次修正　1998年8月29日第九届全国人民代表大会常务委员会第四次会议修订　根据2004年8月28日第十届全国人民代表大会常务委员会第十一次会议《关于修改〈中华人民共和国土地管理法〉的决定》第二次修正　根据2019年8月26日第十三届全国人民代表大会常务委员会第十二次会议《关于修改〈中华人民共和国土地管理法〉、〈中华人民共和国城市房地产管理法〉的决定》第三次修正)

第三章　土地利用总体规划

第十五条　各级人民政府应当依据国民经济和社会发展规划、国土整治和资源环境保护的要求、土地供给能力以及各项建设对土地的需求,组织编制土地利用总体规划。

土地利用总体规划的规划期限由国务院规定。

第十六条　下级土地利用总体规划应当依据上一级土地利用总体规划编制。

地方各级人民政府编制的土地利用总体规划中的建设用地总量不得超过上一级土地利用总体规划确定的控制指标，耕地保有量不得低于上一级土地利用总体规划确定的控制指标。

省、自治区、直辖市人民政府编制的土地利用总体规划，应当确保本行政区域内耕地总量不减少。

第十七条　土地利用总体规划按照下列原则编制：

（一）落实国土空间开发保护要求，严格土地用途管制；

（二）严格保护永久基本农田，严格控制非农业建设占用农用地；

（三）提高土地节约集约利用水平；

（四）统筹安排城乡生产、生活、生态用地，满足乡村产业和基础设施用地合理需求，促进城乡融合发展；

（五）保护和改善生态环境，保障土地的可持续利用；

（六）占用耕地与开发复垦耕地数量平衡、质量相当。

第十八条　国家建立国土空间规划体系。编制国土空间规划应当坚持生态优先，绿色、可持续发展，科学有序统筹安排生态、农业、城镇等功能空间，优化国土空间结构和布局，提升国土空间开发、保护的质量和效率。

经依法批准的国土空间规划是各类开发、保护、建设活动的基本依据。已经编制国土空间规划的，不再编制土地利用总体规划和城乡规划。

第十九条　县级土地利用总体规划应当划分土地利用区，明确土地用途。

乡（镇）土地利用总体规划应当划分土地利用区，根据土地使用条件,确定每一块土地的用途,并予以公告。

第二十条　土地利用总体规划实行分级审批。

省、自治区、直辖市的土地利用总体规划,报国务院批准。

省、自治区人民政府所在地的市、人口在一百万以上的城市以及国务院指定的城市的土地利用总体规划,经省、自治区人民政府审查同意后,报国务院批准。

本条第二款、第三款规定以外的土地利用总体规划,逐级上报省、自治区、直辖市人民政府批准;其中,乡(镇)土地利用总体规划可以由省级人民政府授权的设区的市、自治州人民政府批准。

土地利用总体规划一经批准,必须严格执行。

第二十一条　城市建设用地规模应当符合国家规定的标准,充分利用现有建设用地,不占或者尽量少占农用地。

城市总体规划、村庄和集镇规划,应当与土地利用总体规划相衔接,城市总体规划、村庄和集镇规划中建设用地规模不得超过土地利用总体规划确定的城市和村庄、集镇建设用地规模。

在城市规划区内、村庄和集镇规划区内,城市和村庄、集镇建设用地应当符合城市规划、村庄和集镇规划。

第二十二条　江河、湖泊综合治理和开发利用规划,应当与土地利用总体规划相衔接。在江河、湖泊、水库的管理和保护范围以及蓄洪滞洪区内,土地利用应当符合江河、湖泊综合治理和开发利用规划,符合河道、湖泊行洪、蓄洪和输水的要求。

第二十三条　各级人民政府应当加强土地利用计划管理,实行建设用地总量控制。

土地利用年度计划,根据国民经济和社会发展计划、国家产业政策、土地利用总体规划以及建设用地和土地利用的实际状况编制。土地利用年度计划应当对本法第六十三条规定的集体经营性建设用地作出合理安排。土地利用年度计划的编制审批程序与土地利用总体规划的编制审批程序相同,一经审批下达,必须严格执行。

第二十四条 省、自治区、直辖市人民政府应当将土地利用年度计划的执行情况列为国民经济和社会发展计划执行情况的内容,向同级人民代表大会报告。

第二十五条 经批准的土地利用总体规划的修改,须经原批准机关批准;未经批准,不得改变土地利用总体规划确定的土地用途。

经国务院批准的大型能源、交通、水利等基础设施建设用地,需要改变土地利用总体规划的,根据国务院的批准文件修改土地利用总体规划。

经省、自治区、直辖市人民政府批准的能源、交通、水利等基础设施建设用地,需要改变土地利用总体规划的,属于省级人民政府土地利用总体规划批准权限内的,根据省级人民政府的批准文件修改土地利用总体规划。

第二十六条 国家建立土地调查制度。

县级以上人民政府自然资源主管部门会同同级有关部门进行土地调查。土地所有者或者使用者应当配合调查,并提供有关资料。

第二十七条 县级以上人民政府自然资源主管部门会同同级有关部门根据土地调查成果、规划土地用途和国家制定的统一标准,评定土地等级。

第二十八条 国家建立土地统计制度。

县级以上人民政府统计机构和自然资源主管部门依法进行土地统计调查,定期发布土地统计资料。土地所有者或者使用者应当提供有关资料,不得拒报、迟报,不得提供不真实、不完整的资料。

统计机构和自然资源主管部门共同发布的土地面积统计资料

是各级人民政府编制土地利用总体规划的依据。

第二十九条　国家建立全国土地管理信息系统,对土地利用状况进行动态监测。

第四章　耕地保护

第三十条　国家保护耕地,严格控制耕地转为非耕地。

国家实行占用耕地补偿制度。非农业建设经批准占用耕地的,按照"占多少,垦多少"的原则,由占用耕地的单位负责开垦与所占用耕地的数量和质量相当的耕地;没有条件开垦或者开垦的耕地不符合要求的,应当按照省、自治区、直辖市的规定缴纳耕地开垦费,专款用于开垦新的耕地。

省、自治区、直辖市人民政府应当制定开垦耕地计划,监督占用耕地的单位按照计划开垦耕地或者按照计划组织开垦耕地,并进行验收。

第三十一条　县级以上地方人民政府可以要求占用耕地的单位将所占用耕地耕作层的土壤用于新开垦耕地、劣质地或者其他耕地的土壤改良。

第三十二条　省、自治区、直辖市人民政府应当严格执行土地利用总体规划和土地利用年度计划,采取措施,确保本行政区域内耕地总量不减少、质量不降低。耕地总量减少的,由国务院责令在规定期限内组织开垦与所减少耕地的数量与质量相当的耕地;耕地质量降低的,由国务院责令在规定期限内组织整治。新开垦和整治的耕地由国务院自然资源主管部门会同农业农村主管部门验收。

个别省、直辖市确因土地后备资源匮乏,新增建设用地后,新开垦耕地的数量不足以补偿所占用耕地的数量的,必须报经国务院批准减免本行政区域内开垦耕地的数量,易地开垦数量和质量相当的耕地。

第三十三条　国家实行永久基本农田保护制度。下列耕地应当根据土地利用总体规划划为永久基本农田，实行严格保护：

（一）经国务院农业农村主管部门或者县级以上地方人民政府批准确定的粮、棉、油、糖等重要农产品生产基地内的耕地；

（二）有良好的水利与水土保持设施的耕地，正在实施改造计划以及可以改造的中、低产田和已建成的高标准农田；

（三）蔬菜生产基地；

（四）农业科研、教学试验田；

（五）国务院规定应当划为永久基本农田的其他耕地。

各省、自治区、直辖市划定的永久基本农田一般应当占本行政区域内耕地的百分之八十以上，具体比例由国务院根据各省、自治区、直辖市耕地实际情况规定。

第三十四条　永久基本农田划定以乡（镇）为单位进行，由县级人民政府自然资源主管部门会同同级农业农村主管部门组织实施。永久基本农田应当落实到地块，纳入国家永久基本农田数据库严格管理。

乡（镇）人民政府应当将永久基本农田的位置、范围向社会公告，并设立保护标志。

第三十五条　永久基本农田经依法划定后，任何单位和个人不得擅自占用或者改变其用途。国家能源、交通、水利、军事设施等重点建设项目选址确实难以避让永久基本农田，涉及农用地转用或者土地征收的，必须经国务院批准。

禁止通过擅自调整县级土地利用总体规划、乡（镇）土地利用总体规划等方式规避永久基本农田农用地转用或者土地征收的审批。

第三十六条　各级人民政府应当采取措施，引导因地制宜轮作休耕,改良土壤,提高地力,维护排灌工程设施,防止土地荒漠化、盐渍化、水土流失和土壤污染。

第三十七条　非农业建设必须节约使用土地,可以利用荒地的,不得占用耕地;可以利用劣地的,不得占用好地。

禁止占用耕地建窑、建坟或者擅自在耕地上建房、挖砂、采石、采矿、取土等。

禁止占用永久基本农田发展林果业和挖塘养鱼。

第三十八条　禁止任何单位和个人闲置、荒芜耕地。已经办理审批手续的非农业建设占用耕地,一年内不用而又可以耕种并收获的,应当由原耕种该幅耕地的集体或者个人恢复耕种,也可以由用地单位组织耕种;一年以上未动工建设的,应当按照省、自治区、直辖市的规定缴纳闲置费;连续二年未使用的,经原批准机关批准,由县级以上人民政府无偿收回用地单位的土地使用权;该幅土地原为农民集体所有的,应当交由原农村集体经济组织恢复耕种。

在城市规划区范围内,以出让方式取得土地使用权进行房地产开发的闲置土地,依照《中华人民共和国城市房地产管理法》的有关规定办理。

第三十九条　国家鼓励单位和个人按照土地利用总体规划,在保护和改善生态环境、防止水土流失和土地荒漠化的前提下,开发未利用的土地;适宜开发为农用地的,应当优先开发成农用地。

国家依法保护开发者的合法权益。

第四十条　开垦未利用的土地,必须经过科学论证和评估,在土地利用总体规划划定的可开垦的区域内,经依法批准后进行。禁止毁坏森林、草原开垦耕地,禁止围湖造田和侵占江河滩地。

根据土地利用总体规划,对破坏生态环境开垦、围垦的土地,有计划有步骤地退耕还林、还牧、还湖。

第四十一条 开发未确定使用权的国有荒山、荒地、荒滩从事种植业、林业、畜牧业、渔业生产的，经县级以上人民政府依法批准，可以确定给开发单位或者个人长期使用。

第四十二条 国家鼓励土地整理。县、乡（镇）人民政府应当组织农村集体经济组织，按照土地利用总体规划，对田、水、路、林、村综合整治，提高耕地质量，增加有效耕地面积，改善农业生产条件和生态环境。

地方各级人民政府应当采取措施，改造中、低产田，整治闲散地和废弃地。

第四十三条 因挖损、塌陷、压占等造成土地破坏，用地单位和个人应当按照国家有关规定负责复垦；没有条件复垦或者复垦不符合要求的，应当缴纳土地复垦费，专项用于土地复垦。复垦的土地应当优先用于农业。

第五章 建设用地

第四十四条 建设占用土地，涉及农用地转为建设用地的，应当办理农用地转用审批手续。

永久基本农田转为建设用地的，由国务院批准。

在土地利用总体规划确定的城市和村庄、集镇建设用地规模范围内，为实施该规划而将永久基本农田以外的农用地转为建设用地的，按土地利用年度计划分批次按照国务院规定由原批准土地利用总体规划的机关或者其授权的机关批准。在已批准的农用地转用范围内，具体建设项目用地可以由市、县人民政府批准。

在土地利用总体规划确定的城市和村庄、集镇建设用地规模范围外，将永久基本农田以外的农用地转为建设用地的，由国务院或者国务院授权的省、自治区、直辖市人民政府批准。

第四十五条　为了公共利益的需要,有下列情形之一,确需征收农民集体所有的土地的,可以依法实施征收:

(一)军事和外交需要用地的;

(二)由政府组织实施的能源、交通、水利、通信、邮政等基础设施建设需要用地的;

(三)由政府组织实施的科技、教育、文化、卫生、体育、生态环境和资源保护、防灾减灾、文物保护、社区综合服务、社会福利、市政公用、优抚安置、英烈保护等公共事业需要用地的;

(四)由政府组织实施的扶贫搬迁、保障性安居工程建设需要用地的;

(五)在土地利用总体规划确定的城镇建设用地范围内,经省级以上人民政府批准由县级以上地方人民政府组织实施的成片开发建设需要用地的;

(六)法律规定为公共利益需要可以征收农民集体所有的土地的其他情形。前款规定的建设活动,应当符合国民经济和社会发展规划、土地利用总体规划、城乡规划和专项规划;第(四)项、第(五)项规定的建设活动,还应当纳入国民经济和社会发展年度计划;第(五)项规定的成片开发并应当符合国务院自然资源主管部门规定的标准。

第四十六条　征收下列土地的,由国务院批准:

(一)永久基本农田;

(二)永久基本农田以外的耕地超过三十五公顷的;

(三)其他土地超过七十公顷的。

征收前款规定以外的土地的,由省、自治区、直辖市人民政府批准。

征收农用地的,应当依照本法第四十四条的规定先行办理农用地转用审批。其中,经国务院批准农用地转用的,同时办理征地审批手续,不再另行办理征地审批;经省、自治区、直辖市人民政府在征地批准权限内批准农用地转用的,同时办理征地审批手续,不再另行办理征地审批,超过征地批准权限的,应当依照本条第一款的规定另行办理征地审批。

第四十七条 国家征收土地的,依照法定程序批准后,由县级以上地方人民政府予以公告并组织实施。

县级以上地方人民政府拟申请征收土地的,应当开展拟征收土地现状调查和社会稳定风险评估,并将征收范围、土地现状、征收目的、补偿标准、安置方式和社会保障等在拟征收土地所在的乡(镇)和村、村民小组范围内公告至少三十日,听取被征地的农村集体经济组织及其成员、村民委员会和其他利害关系人的意见。

多数被征地的农村集体经济组织成员认为征地补偿安置方案不符合法律、法规规定的,县级以上地方人民政府应当组织召开听证会,并根据法律、法规的规定和听证会情况修改方案。

拟征收土地的所有权人、使用权人应当在公告规定期限内,持不动产权属证明材料办理补偿登记。县级以上地方人民政府应当组织有关部门测算并落实有关费用,保证足额到位,与拟征收土地的所有权人、使用权人就补偿、安置等签订协议;个别确实难以达成协议的,应当在申请征收土地时如实说明。

相关前期工作完成后,县级以上地方人民政府方可申请征收土地。

第四十八条 征收土地应当给予公平、合理的补偿,保障被征地农民原有生活水平不降低、长远生计有保障。

征收土地应当依法及时足额支付土地补偿费、安置补助费以及农村村民住宅、其他地上附着物和青苗等的补偿费用,并安排被征地农民的社会保障费用。

征收农用地的土地补偿费、安置补助费标准由省、自治区、直辖市通过制定公布区片综合地价确定。制定区片综合地价应当综合考虑土地原用途、土地资源条件、土地产值、土地区位、土地供求关系、人口以及经济社会发展水平等因素,并至少每三年调整或者重新公布一次。

征收农用地以外的其他土地、地上附着物和青苗等的补偿标准,由省、自治区、直辖市制定。对其中的农村村民住宅,应当按照先补偿后搬迁、居住条件有改善的原则,尊重农村村民意愿,采取重新安排宅基地建房、提供安置房或者货币补偿等方式给予公平、合理的补偿,并对因征收造成的搬迁、临时安置等费用予以补偿,保障农村村民居住的权利和合法的住房财产权益。

县级以上地方人民政府应当将被征地农民纳入相应的养老等社会保障体系。被征地农民的社会保障费用主要用于符合条件的被征地农民的养老保险等社会保险缴费补贴。被征地农民社会保障费用的筹集、管理和使用办法,由省、自治区、直辖市制定。

第四十九条　被征地的农村集体经济组织应当将征收土地的补偿费用的收支状况向本集体经济组织的成员公布,接受监督。

禁止侵占、挪用被征收土地单位的征地补偿费用和其他有关费用。

第五十条　地方各级人民政府应当支持被征地的农村集体经济组织和农民从事开发经营,兴办企业。

第五十一条　大中型水利、水电工程建设征收土地的补偿费标准和移民安置办法,由国务院另行规定。

第五十二条　建设项目可行性研究论证时,自然资源主管部门可以根据土地利用总体规划、土地利用年度计划和建设用地标准,对建设用地有关事项进行审查,并提出意见。

第五十三条　经批准的建设项目需要使用国有建设用地的,建设单位应当持法律、行政法规规定的有关文件,向有批准权的县级以上人民政府自然资源主管部门提出建设用地申请,经自然资源主管部门审查,报本级人民政府批准。

第五十四条 建设单位使用国有土地,应当以出让等有偿使用方式取得;但是,下列建设用地,经县级以上人民政府依法批准,可以以划拨方式取得:

(一)国家机关用地和军事用地;

(二)城市基础设施用地和公益事业用地;

(三)国家重点扶持的能源、交通、水利等基础设施用地;

(四)法律、行政法规规定的其他用地。

第五十五条 以出让等有偿使用方式取得国有土地使用权的建设单位,按照国务院规定的标准和办法,缴纳土地使用权出让金等土地有偿使用费和其他费用后,方可使用土地。

自本法施行之日起,新增建设用地的土地有偿使用费,百分之三十上缴中央财政,百分之七十留给有关地方人民政府。具体使用管理办法由国务院财政部门会同有关部门制定,并报国务院批准。

第五十六条 建设单位使用国有土地的,应当按照土地使用权出让等有偿使用合同的约定或者土地使用权划拨批准文件的规定使用土地;确需改变该幅土地建设用途的,应当经有关人民政府自然资源主管部门同意,报原批准用地的人民政府批准。其中,在城市规划区内改变土地用途的,在报批前,应当先经有关城市规划行政主管部门同意。

第五十七条 建设项目施工和地质勘查需要临时使用国有土地或者农民集体所有的土地的,由县级以上人民政府自然资源主管部门批准。其中,在城市规划区内的临时用地,在报批前,应当先经有关城市规划行政主管部门同意。土地使用者应当根据土地权属,与有关自然资源主管部门或者农村集体经济组织、村民委员会签订临时使用土地合同,并按照合同的约定支付临时使用土地补偿费。

临时使用土地的使用者应当按照临时使用土地合同约定的用途使用土地,并不得修建永久性建筑物。

临时使用土地期限一般不超过二年。

第五十八条　有下列情形之一的,由有关人民政府自然资源主管部门报经原批准用地的人民政府或者有批准权的人民政府批准,可以收回国有土地使用权:

(一)为实施城市规划进行旧城区改建以及其他公共利益需要,确需使用土地的;

(二)土地出让等有偿使用合同约定的使用期限届满,土地使用者未申请续期或者申请续期未获批准的;

(三)因单位撤销、迁移等原因,停止使用原划拨的国有土地的;

(四)公路、铁路、机场、矿场等经核准报废的。

依照前款第(一)项的规定收回国有土地使用权的,对土地使用权人应当给予适当补偿。

第五十九条　乡镇企业、乡(镇)村公共设施、公益事业、农村村民住宅等乡(镇)村建设,应当按照村庄和集镇规划,合理布局,综合开发,配套建设;建设用地,应当符合乡(镇)土地利用总体规划和土地利用年度计划,并依照本法第四十四条、第六十条、第六十一条、第六十二条的规定办理审批手续。

第六十条　农村集体经济组织使用乡(镇)土地利用总体规划确定的建设用地兴办企业或者与其他单位、个人以土地使用权入股、联营等形式共同举办企业的,应当持有关批准文件,向县级以上地方人民政府自然资源主管部门提出申请,按照省、自治区、直辖市规定的批准权限,由县级以上地方人民政府批准;其中,涉及占用农用地的，依照本法第四十四条的规定办理审批手续。

按照前款规定兴办企业的建设用地，必须严格控制。省、自治区、直辖市可以按照乡镇企业的不同行业和经营规模，分别规定用地标准。

第六十一条　乡（镇）村公共设施、公益事业建设，需要使用土地的，经乡（镇）人民政府审核，向县级以上地方人民政府自然资源主管部门提出申请，按照省、自治区、直辖市规定的批准权限，由县级以上地方人民政府批准；其中，涉及占用农用地的，依照本法第四十四条的规定办理审批手续。

第六十二条　农村村民一户只能拥有一处宅基地，其宅基地的面积不得超过省、自治区、直辖市规定的标准。

人均土地少、不能保障一户拥有一处宅基地的地区，县级人民政府在充分尊重农村村民意愿的基础上，可以采取措施，按照省、自治区、直辖市规定的标准保障农村村民实现户有所居。

农村村民建住宅，应当符合乡（镇）土地利用总体规划、村庄规划，不得占用永久基本农田，并尽量使用原有的宅基地和村内空闲地。编制乡（镇）土地利用总体规划、村庄规划应当统筹并合理安排宅基地用地，改善农村村民居住环境和条件。

农村村民住宅用地，由乡（镇）人民政府审核批准；其中，涉及占用农用地的，依照本法第四十四条的规定办理审批手续。

农村村民出卖、出租、赠与住宅后，再申请宅基地的，不予批准。

国家允许进城落户的农村村民依法自愿有偿退出宅基地，鼓励农村集体经济组织及其成员盘活利用闲置宅基地和闲置住宅。

国务院农业农村主管部门负责全国农村宅基地改革和管理有关工作。

第六十三条　土地利用总体规划、城乡规划确定为工业、商业等经营性用途,并经依法登记的集体经营性建设用地,土地所有权人可以通过出让、出租等方式交由单位或者个人使用,并应当签订书面合同,载明土地界址、面积、动工期限、使用期限、土地用途、规划条件和双方其他权利义务。

前款规定的集体经营性建设用地出让、出租等,应当经本集体经济组织成员的村民会议三分之二以上成员或者三分之二以上村民代表的同意。

通过出让等方式取得的集体经营性建设用地使用权可以转让、互换、出资、赠与或者抵押,但法律、行政法规另有规定或者土地所有权人、土地使用权人签订的书面合同另有约定的除外。

集体经营性建设用地的出租,集体建设用地使用权的出让及其最高年限、转让、互换、出资、赠与、抵押等,参照同类用途的国有建设用地执行。具体办法由国务院制定。

第六十四条　集体建设用地的使用者应当严格按照土地利用总体规划、城乡规划确定的用途使用土地。

第六十五条　在土地利用总体规划制定前已建的不符合土地利用总体规划确定的用途的建筑物、构筑物,不得重建、扩建。

第六十六条　有下列情形之一的,农村集体经济组织报经原批准用地的人民政府批准,可以收回土地使用权:

(一)为乡(镇)村公共设施和公益事业建设,需要使用土地的;

(二)不按照批准的用途使用土地的;

(三)因撤销、迁移等原因而停止使用土地的。

依照前款第(一)项规定收回农民集体所有的土地的,对土地使用权人应当给予适当补偿。

收回集体经营性建设用地使用权,依照双方签订的书面合同办理,法律、行政法规另有规定的除外。

第六章 监督检查

第六十七条 县级以上人民政府自然资源主管部门对违反土地管理法律、法规的行为进行监督检查。

县级以上人民政府农业农村主管部门对违反农村宅基地管理法律、法规的行为进行监督检查的,适用本法关于自然资源主管部门监督检查的规定。

土地管理监督检查人员应当熟悉土地管理法律、法规,忠于职守、秉公执法。

第六十八条 县级以上人民政府自然资源主管部门履行监督检查职责时,有权采取下列措施:

(一)要求被检查的单位或者个人提供有关土地权利的文件和资料,进行查阅或者予以复制;

(二)要求被检查的单位或者个人就有关土地权利的问题作出说明;

(三)进入被检查单位或者个人非法占用的土地现场进行勘测;

(四)责令非法占用土地的单位或者个人停止违反土地管理法律、法规的行为。

第六十九条 土地管理监督检查人员履行职责,需要进入现场进行勘测、要求有关单位或者个人提供文件、资料和作出说明的,应当出示土地管理监督检查证件。

第七十条 有关单位和个人对县级以上人民政府自然资源主管部门就土地违法行为进行的监督检查应当支持与配合,并提供工作方便,不得拒绝与阻碍土地管理监督检查人员依法执行职务。

第七十一条 县级以上人民政府自然资源主管部门在监督检查工作中发现国家工作人员的违法行为,依法应当给予处分的,应当依法予以处理;自己无权处理的,应当依法移送监察机关或者有关机关处理。

第七十二条 县级以上人民政府自然资源主管部门在监督检查工作中发现土地违法行为构成犯罪的,应当将案件移送有关机关,依法追究刑事责任;尚不构成犯罪的,应当依法给予行政处罚。

第七十三条 依照本法规定应当给予行政处罚,而有关自然资源主管部门不给予行政处罚的,上级人民政府自然资源主管部门有权责令有关自然资源主管部门作出行政处罚决定或者直接给予行政处罚,并给予有关自然资源主管部门的负责人处分。

第七章 法律责任

第七十四条 买卖或者以其他形式非法转让土地的,由县级以上人民政府自然资源主管部门没收违法所得;对违反土地利用总体规划擅自将农用地改为建设用地的,限期拆除在非法转让的土地上新建的建筑物和其他设施,恢复土地原状,对符合土地利用总体规划的,没收在非法转让的土地上新建的建筑物和其他设施;可以并处罚款;对直接负责的主管人员和其他直接责任人员,依法给予处分;构成犯罪的,依法追究刑事责任。

第七十五条 违反本法规定,占用耕地建窑、建坟或者擅自在耕地上建房、挖砂、采石、采矿、取土等,破坏种植条件的,或者因开发土地造成土地荒漠化、盐渍化的,由县级以上人民政府自然资源主管部门、农业农村主管部门等按照职责责令限期改正或者治理,可以并处罚款;构成犯罪的,依法追究刑事责任。

第七十六条 违反本法规定，拒不履行土地复垦义务的，由县级以上人民政府自然资源主管部门责令限期改正；逾期不改正的，责令缴纳复垦费，专项用于土地复垦，可以处以罚款。

第七十七条 未经批准或者采取欺骗手段骗取批准，非法占用土地的，由县级以上人民政府自然资源主管部门责令退还非法占用的土地，对违反土地利用总体规划擅自将农用地改为建设用地的，限期拆除在非法占用的土地上新建的建筑物和其他设施，恢复土地原状，对符合土地利用总体规划的，没收在非法占用的土地上新建的建筑物和其他设施，可以并处罚款；对非法占用土地单位的直接负责的主管人员和其他直接责任人员，依法给予处分；构成犯罪的，依法追究刑事责任。

超过批准的数量占用土地，多占的土地以非法占用土地论处。

第七十八条 农村村民未经批准或者采取欺骗手段骗取批准，非法占用土地建住宅的，由县级以上人民政府农业农村主管部门责令退还非法占用的土地，限期拆除在非法占用的土地上新建的房屋。

超过省、自治区、直辖市规定的标准，多占的土地以非法占用土地论处。

第七十九条 无权批准征收、使用土地的单位或者个人非法批准占用土地的，超越批准权限非法批准占用土地的，不按照土地利用总体规划确定的用途批准用地的，或者违反法律规定的程序批准占用、征收土地的，其批准文件无效，对非法批准征收、使用土地的直接负责的主管人员和其他直接责任人员，依法给予处分；构成犯罪的，依法追究刑事责任。非法批准、使用的土地应当收回，有关当事人拒不归还的，以非法占用土地论处。

非法批准征收、使用土地，对当事人造成损失的，依法应当承担赔偿责任。

第八十条 侵占、挪用被征收土地单位的征地补偿费用和其他有关费用,构成犯罪的,依法追究刑事责任;尚不构成犯罪的,依法给予处分。

第八十一条 依法收回国有土地使用权当事人拒不交出土地的,临时使用土地期满拒不归还的,或者不按照批准的用途使用国有土地的,由县级以上人民政府自然资源主管部门责令交还土地,处以罚款。

第八十二条 擅自将农民集体所有的土地通过出让、转让使用权或者出租等方式用于非农业建设,或者违反本法规定,将集体经营性建设用地通过出让、出租等方式交由单位或者个人使用的,由县级以上人民政府自然资源主管部门责令限期改正,没收违法所得,并处罚款。

第八十三条 依照本法规定,责令限期拆除在非法占用的土地上新建的建筑物和其他设施的,建设单位或者个人必须立即停止施工,自行拆除;对继续施工的,作出处罚决定的机关有权制止。建设单位或者个人对责令限期拆除的行政处罚决定不服的,可以在接到责令限期拆除决定之日起十五日内,向人民法院起诉;期满不起诉又不自行拆除的,由作出处罚决定的机关依法申请人民法院强制执行,费用由违法者承担。

第八十四条 自然资源主管部门、农业农村主管部门的工作人员玩忽职守、滥用职权、徇私舞弊,构成犯罪的,依法追究刑事责任;尚不构成犯罪的,依法给予处分。

中华人民共和国
土地管理法实施条例(节录)

(1998年12月27日国务院令第256号发布 根据2011年1月8日《国务院关于废止和修改部分行政法规的决定》第一次修订 根据2014年7月29日《国务院关于修改部分行政法规的决定》第二次修订 2021年7月2日国务院令第743号第三次修订)

第二章 国土空间规划

第二条 国家建立国土空间规划体系。

土地开发、保护、建设活动应当坚持规划先行。经依法批准的国土空间规划是各类开发、保护、建设活动的基本依据。

已经编制国土空间规划的,不再编制土地利用总体规划和城乡规划。在编制国土空间规划前,经依法批准的土地利用总体规划和城乡规划继续执行。

第三条 国土空间规划应当细化落实国家发展规划提出的国土空间开发保护要求,统筹布局农业、生态、城镇等功能空间,划定落实永久基本农田、生态保护红线和城镇开发边界。

国土空间规划应当包括国土空间开发保护格局和规划用地布

局、结构、用途管制要求等内容,明确耕地保有量、建设用地规模、禁止开垦的范围等要求,统筹基础设施和公共设施用地布局,综合利用地上地下空间,合理确定并严格控制新增建设用地规模,提高土地节约集约利用水平,保障土地的可持续利用。

第四条　土地调查应当包括下列内容:

(一)土地权属以及变化情况;

(二)土地利用现状以及变化情况;

(三)土地条件。

全国土地调查成果,报国务院批准后向社会公布。地方土地调查成果,经本级人民政府审核,报上一级人民政府批准后向社会公布。全国土地调查成果公布后,县级以上地方人民政府方可自上而下逐级依次公布本行政区域的土地调查成果。

土地调查成果是编制国土空间规划以及自然资源管理、保护和利用的重要依据。

土地调查技术规程由国务院自然资源主管部门会同有关部门制定。

第五条　国务院自然资源主管部门会同有关部门制定土地等级评定标准。

县级以上人民政府自然资源主管部门应当会同有关部门根据土地等级评定标准,对土地等级进行评定。地方土地等级评定结果经本级人民政府审核,报上一级人民政府自然资源主管部门批准后向社会公布。

根据国民经济和社会发展状况,土地等级每五年重新评定一次。

第六条　县级以上人民政府自然资源主管部门应当加强信息化建设,建立统一的国土空间基础信息平台,实行土地管理全流程信息化管理,对土地利用状况进行动态监测,与发展改革、住房和城乡建设等有关部门建立土地管理信息共享机制，依法公开土地管理信息。

第七条　县级以上人民政府自然资源主管部门应当加强地籍管理，建立健全地籍数据库。

中华人民共和国行政许可法

（2003年8月27日第十届全国人民代表大会常务委员会第四次会议通过　根据2019年4月23日第十三届全国人民代表大会常务委员会第十次会议《关于修改〈中华人民共和国建筑法〉等八部法律的决定》修正）

第一章　总　则

第一条　为了规范行政许可的设定和实施，保护公民、法人和其他组织的合法权益，维护公共利益和社会秩序，保障和监督行政机关有效实施行政管理，根据宪法，制定本法。

第二条　本法所称行政许可，是指行政机关根据公民、法人或者其他组织的申请，经依法审查，准予其从事特定活动的行为。

第三条　行政许可的设定和实施，适用本法。

有关行政机关对其他机关或者对其直接管理的事业单位的人事、财务、外事等事项的审批，不适用本法。

第四条　设定和实施行政许可，应当依照法定的权限、范围、条件和程序。

第五条　设定和实施行政许可，应当遵循公开、公平、公正、非歧视的原则。

有关行政许可的规定应当公布；未经公布的，不得作为实施行政许可的依据。行政许可的实施和结果，除涉及国家秘密、商业秘密或者个人隐私的外，应当公开。未经申请人同意，行政机关及其工作人员、参与专家评审等的人员不得披露申请人提交的商业秘密、未披露信息或者保密商务信息，法律另有规定或者涉及国家安全、重大社会公共利益的除外；行政机关依法公开申请人前述信息的，允许申请人在合理期限内提出异议。

符合法定条件、标准的，申请人有依法取得行政许可的平等权利，行政机关不得歧视任何人。

第六条　实施行政许可，应当遵循便民的原则，提高办事效率，提供优质服务。

第七条　公民、法人或者其他组织对行政机关实施行政许可，享有陈述权、申辩权；有权依法申请行政复议或者提起行政诉讼；其合法权益因行政机关违法实施行政许可受到损害的，有权依法要求赔偿。

第八条　公民、法人或者其他组织依法取得的行政许可受法律保护，行政机关不得擅自改变已经生效的行政许可。

行政许可所依据的法律、法规、规章修改或者废止，或者准予行政许可所依据的客观情况发生重大变化的，为了公共利益的需要，行政机关可以依法变更或者撤回已经生效的行政许可。由此给公民、法人或者其他组织造成财产损失的，行政机关应当依法给予补偿。

第九条　依法取得的行政许可，除法律、法规规定依照法定条件和程序可以转让的外，不得转让。

第十条　县级以上人民政府应当建立健全对行政机关实施行政许可的监督制度，加强对行政机关实施行政许可的监督检查。

行政机关应当对公民、法人或者其他组织从事行政许可事项的活动实施有效监督。

第二章　行政许可的设定

第十一条　设定行政许可，应当遵循经济和社会发展规律，有利于发挥公民、法人或者其他组织的积极性、主动性，维护公共利益和社会秩序，促进经济、社会和生态环境协调发展。

第十二条　下列事项可以设定行政许可：

（一）直接涉及国家安全、公共安全、经济宏观调控、生态环境保护以及直接关系人身健康、生命财产安全等特定活动，需要按照法定条件予以批准的事项；

（二）有限自然资源开发利用、公共资源配置以及直接关系公共利益的特定行业的市场准入等，需要赋予特定权利的事项；

（三）提供公众服务并且直接关系公共利益的职业、行业，需要确定具备特殊信誉、特殊条件或者特殊技能等资格、资质的事项；

（四）直接关系公共安全、人身健康、生命财产安全的重要设备、设施、产品、物品，需要按照技术标准、技术规范，通过检验、检测、检疫等方式进行审定的事项；

（五）企业或者其他组织的设立等，需要确定主体资格的事项；

（六）法律、行政法规规定可以设定行政许可的其他事项。

第十三条　本法第十二条所列事项，通过下列方式能够予以

规范的,可以不设行政许可:

(一)公民、法人或者其他组织能够自主决定的;

(二)市场竞争机制能够有效调节的;

(三)行业组织或者中介机构能够自律管理的;

(四)行政机关采用事后监督等其他行政管理方式能够解决的。

第十四条 本法第十二条所列事项,法律可以设定行政许可。尚未制定法律的,行政法规可以设定行政许可。

必要时,国务院可以采用发布决定的方式设定行政许可。实施后,除临时性行政许可事项外,国务院应当及时提请全国人民代表大会及其常务委员会制定法律,或者自行制定行政法规。

第十五条 本法第十二条所列事项,尚未制定法律、行政法规的,地方性法规可以设定行政许可;尚未制定法律、行政法规和地方性法规的,因行政管理的需要,确需立即实施行政许可的,省、自治区、直辖市人民政府规章可以设定临时性的行政许可。临时性的行政许可实施满一年需要继续实施的,应当提请本级人民代表大会及其常务委员会制定地方性法规。

地方性法规和省、自治区、直辖市人民政府规章,不得设定应当由国家统一确定的公民、法人或者其他组织的资格、资质的行政许可;不得设定企业或者其他组织的设立登记及其前置性行政许可。其设定的行政许可,不得限制其他地区的个人或者企业到本地区从事生产经营和提供服务,不得限制其他地区的商品进入本地区市场。

第十六条 行政法规可以在法律设定的行政许可事项范围内,对实施该行政许可作出具体规定。

地方性法规可以在法律、行政法规设定的行政许可事项范围内,对实施该行政许可作出具体规定。

规章可以在上位法设定的行政许可事项范围内，对实施该行政许可作出具体规定。

法规、规章对实施上位法设定的行政许可作出的具体规定，不得增设行政许可；对行政许可条件作出的具体规定，不得增设违反上位法的其他条件。

第十七条　除本法第十四条、第十五条规定的外，其他规范性文件一律不得设定行政许可。

第十八条　设定行政许可，应当规定行政许可的实施机关、条件、程序、期限。

第十九条　起草法律草案、法规草案和省、自治区、直辖市人民政府规章草案，拟设定行政许可的，起草单位应当采取听证会、论证会等形式听取意见，并向制定机关说明设定该行政许可的必要性、对经济和社会可能产生的影响以及听取和采纳意见的情况。

第二十条　行政许可的设定机关应当定期对其设定的行政许可进行评价；对已设定的行政许可，认为通过本法第十三条所列方式能够解决的，应当对设定该行政许可的规定及时予以修改或者废止。

行政许可的实施机关可以对已设定的行政许可的实施情况及存在的必要性适时进行评价，并将意见报告该行政许可的设定机关。

公民、法人或者其他组织可以向行政许可的设定机关和实施机关就行政许可的设定和实施提出意见和建议。

第二十一条　省、自治区、直辖市人民政府对行政法规设定的有关经济事务的行政许可，根据本行政区域经济和社会发展情况，认为通过本法第十三条所列方式能够解决的，报国务院批准后，可以在本行政区域内停止实施该行政许可。

第三章 行政许可的实施机关

第二十二条 行政许可由具有行政许可权的行政机关在其法定职权范围内实施。

第二十三条 法律、法规授权的具有管理公共事务职能的组织,在法定授权范围内,以自己的名义实施行政许可。被授权的组织适用本法有关行政机关的规定。

第二十四条 行政机关在其法定职权范围内,依照法律、法规、规章的规定,可以委托其他行政机关实施行政许可。委托机关应当将受委托行政机关和受委托实施行政许可的内容予以公告。

委托行政机关对受委托行政机关实施行政许可的行为应当负责监督,并对该行为的后果承担法律责任。

受委托行政机关在委托范围内,以委托行政机关名义实施行政许可;不得再委托其他组织或者个人实施行政许可。

第二十五条 经国务院批准,省、自治区、直辖市人民政府根据精简、统一、效能的原则,可以决定一个行政机关行使有关行政机关的行政许可权。

第二十六条 行政许可需要行政机关内设的多个机构办理的,该行政机关应当确定一个机构统一受理行政许可申请,统一送达行政许可决定。

行政许可依法由地方人民政府两个以上部门分别实施的,本级人民政府可以确定一个部门受理行政许可申请并转告有关部门分别提出意见后统一办理,或者组织有关部门联合办理、集中办理。

第二十七条 行政机关实施行政许可,不得向申请人提出购买指定商品、接受有偿服务等不正当要求。

行政机关工作人员办理行政许可，不得索取或者收受申请人的财物，不得谋取其他利益。

第二十八条　对直接关系公共安全、人身健康、生命财产安全的设备、设施、产品、物品的检验、检测、检疫，除法律、行政法规规定由行政机关实施的外，应当逐步由符合法定条件的专业技术组织实施。专业技术组织及其有关人员对所实施的检验、检测、检疫结论承担法律责任。

第四章　行政许可的实施程序

第一节　申请与受理

第二十九条　公民、法人或者其他组织从事特定活动，依法需要取得行政许可的，应当向行政机关提出申请。申请书需要采用格式文本的，行政机关应当向申请人提供行政许可申请书格式文本。申请书格式文本中不得包含与申请行政许可事项没有直接关系的内容。

申请人可以委托代理人提出行政许可申请。但是，依法应当由申请人到行政机关办公场所提出行政许可申请的除外。

行政许可申请可以通过信函、电报、电传、传真、电子数据交换和电子邮件等方式提出。

第三十条　行政机关应当将法律、法规、规章规定的有关行政许可的事项、依据、条件、数量、程序、期限以及需要提交的全部材料的目录和申请书示范文本等在办公场所公示。

申请人要求行政机关对公示内容予以说明、解释的，行政机关应当说明、解释，提供准确、可靠的信息。

第三十一条　申请人申请行政许可，应当如实向行政机关提交有关材料和反映真实情况,并对其申请材料实质内容的真实性负责。行政机关不得要求申请人提交与其申请的行政许可事项无关的技术资料和其他材料。

行政机关及其工作人员不得以转让技术作为取得行政许可的条件;不得在实施行政许可的过程中,直接或者间接地要求转让技术。

第三十二条 行政机关对申请人提出的行政许可申请,应当根据下列情况分别作出处理:

(一)申请事项依法不需要取得行政许可的,应当即时告知申请人不受理;

(二)申请事项依法不属于本行政机关职权范围的,应当即时作出不予受理的决定,并告知申请人向有关行政机关申请;

(三)申请材料存在可以当场更正的错误的,应当允许申请人当场更正;

(四)申请材料不齐全或者不符合法定形式的,应当当场或者在五日内一次告知申请人需要补正的全部内容,逾期不告知的,自收到申请材料之日起即为受理;

(五)申请事项属于本行政机关职权范围,申请材料齐全、符合法定形式,或者申请人按照本行政机关的要求提交全部补正申请材料的,应当受理行政许可申请。

行政机关受理或者不予受理行政许可申请,应当出具加盖本行政机关专用印章和注明日期的书面凭证。

第三十三条 行政机关应当建立和完善有关制度,推行电子政务,在行政机关的网站上公布行政许可事项,方便申请人采取数据电文等方式提出行政许可申请;应当与其他行政机关共享有关行政许可信息,提高办事效率。

第二节 审查与决定

第三十四条 行政机关应当对申请人提交的申请材料进行审查。

申请人提交的申请材料齐全、符合法定形式，行政机关能够当场作出决定的，应当当场作出书面的行政许可决定。

根据法定条件和程序，需要对申请材料的实质内容进行核实的，行政机关应当指派两名以上工作人员进行核查。

第三十五条 依法应当先经下级行政机关审查后报上级行政机关决定的行政许可，下级行政机关应当在法定期限内将初步审查意见和全部申请材料直接报送上级行政机关。上级行政机关不得要求申请人重复提供申请材料。

第三十六条 行政机关对行政许可申请进行审查时，发现行政许可事项直接关系他人重大利益的，应当告知该利害关系人。申请人、利害关系人有权进行陈述和申辩。行政机关应当听取申请人、利害关系人的意见。

第三十七条 行政机关对行政许可申请进行审查后，除当场作出行政许可决定的外，应当在法定期限内按照规定程序作出行政许可决定。

第三十八条 申请人的申请符合法定条件、标准的，行政机关应当依法作出准予行政许可的书面决定。

行政机关依法作出不予行政许可的书面决定的，应当说明理由，并告知申请人享有依法申请行政复议或者提起行政诉讼的权利。

第三十九条 行政机关作出准予行政许可的决定，需要颁发行政许可证件的，应当向申请人颁发加盖本行政机关印章的下列行政许可证件：

（一）许可证、执照或者其他许可证书；

（二）资格证、资质证或者其他合格证书；

（三）行政机关的批准文件或者证明文件；

（四）法律、法规规定的其他行政许可证件。

行政机关实施检验、检测、检疫的，可以在检验、检测、检疫合格的设备、设施、产品、物品上加贴标签或者加盖检验、检测、检疫印章。

第四十条 行政机关作出的准予行政许可决定，应当予以公开，公众有权查阅。

第四十一条 法律、行政法规设定的行政许可，其适用范围没有地域限制的，申请人取得的行政许可在全国范围内有效。

第三节 期 限

第四十二条 除可以当场作出行政许可决定的外，行政机关应当自受理行政许可申请之日起二十日内作出行政许可决定。二十日内不能作出决定的，经本行政机关负责人批准，可以延长十日，并应当将延长期限的理由告知申请人。但是，法律、法规另有规定的，依照其规定。

依照本法第二十六条的规定，行政许可采取统一办理或者联合办理、集中办理的，办理的时间不得超过四十五日；四十五日内不能办结的，经本级人民政府负责人批准，可以延长十五日，并应当将延长期限的理由告知申请人。

第四十三条 依法应当先经下级行政机关审查后报上级行政机关决定的行政许可，下级行政机关应当自其受理行政许可申请之日起二十日内审查完毕。但是，法律、法规另有规定的，依照其规定。

第四十四条 行政机关作出准予行政许可的决定,应当自作出决定之日起十日内向申请人颁发、送达行政许可证件,或者加贴标签、加盖检验、检测、检疫印章。

第四十五条 行政机关作出行政许可决定,依法需要听证、招标、拍卖、检验、检测、检疫、鉴定和专家评审的,所需时间不计算在本节规定的期限内。行政机关应当将所需时间书面告知申请人。

第四节 听 证

第四十六条 法律、法规、规章规定实施行政许可应当听证的事项,或者行政机关认为需要听证的其他涉及公共利益的重大行政许可事项,行政机关应当向社会公告,并举行听证。

第四十七条 行政许可直接涉及申请人与他人之间重大利益关系的,行政机关在作出行政许可决定前,应当告知申请人、利害关系人享有要求听证的权利;申请人、利害关系人在被告知听证权利之日起五日内提出听证申请的,行政机关应当在二十日内组织听证。

申请人、利害关系人不承担行政机关组织听证的费用。

第四十八条 听证按照下列程序进行:

(一)行政机关应当于举行听证的七日前将举行听证的时间、地点通知申请人、利害关系人,必要时予以公告;

(二)听证应当公开举行;

(三)行政机关应当指定审查该行政许可申请的工作人员以外的人员为听证主持人,申请人、利害关系人认为主持人与该行政许可事项有直接利害关系的,有权申请回避;

(四)举行听证时,审查该行政许可申请的工作人员应当提供

审查意见的证据、理由,申请人、利害关系人可以提出证据,并进行申辩和质证;

(五)听证应当制作笔录,听证笔录应当交听证参加人确认无误后签字或者盖章。

行政机关应当根据听证笔录,作出行政许可决定。

第五节 变更与延续

第四十九条 被许可人要求变更行政许可事项的,应当向作出行政许可决定的行政机关提出申请;符合法定条件、标准的,行政机关应当依法办理变更手续。

第五十条 被许可人需要延续依法取得的行政许可的有效期的,应当在该行政许可有效期届满三十日前向作出行政许可决定的行政机关提出申请。但是,法律、法规、规章另有规定的,依照其规定。

行政机关应当根据被许可人的申请,在该行政许可有效期届满前作出是否准予延续的决定;逾期未作决定的,视为准予延续。

第六节 特别规定

第五十一条 实施行政许可的程序,本节有规定的,适用本节规定;本节没有规定的,适用本章其他有关规定。

第五十二条 国务院实施行政许可的程序,适用有关法律、行政法规的规定。

第五十三条 实施本法第十二条第二项所列事项的行政许可的,行政机关应当通过招标、拍卖等公平竞争的方式作出决定。但是,法律、行政法规另有规定的,依照其规定。

行政机关通过招标、拍卖等方式作出行政许可决定的具体程序，依照有关法律、行政法规的规定。

行政机关按照招标、拍卖程序确定中标人、买受人后，应当作出准予行政许可的决定，并依法向中标人、买受人颁发行政许可证件。

行政机关违反本条规定，不采用招标、拍卖方式，或者违反招标、拍卖程序，损害申请人合法权益的，申请人可以依法申请行政复议或者提起行政诉讼。

第五十四条　实施本法第十二条第三项所列事项的行政许可，赋予公民特定资格，依法应当举行国家考试的，行政机关根据考试成绩和其他法定条件作出行政许可决定；赋予法人或者其他组织特定的资格、资质的，行政机关根据申请人的专业人员构成、技术条件、经营业绩和管理水平等的考核结果作出行政许可决定。但是，法律、行政法规另有规定的，依照其规定。

公民特定资格的考试依法由行政机关或者行业组织实施，公开举行。行政机关或者行业组织应当事先公布资格考试的报名条件、报考办法、考试科目以及考试大纲。但是，不得组织强制性的资格考试的考前培训，不得指定教材或者其他助考材料。

第五十五条　实施本法第十二条第四项所列事项的行政许可的，应当按照技术标准、技术规范依法进行检验、检测、检疫，行政机关根据检验、检测、检疫的结果作出行政许可决定。

行政机关实施检验、检测、检疫，应当自受理申请之日起五日内指派两名以上工作人员按照技术标准、技术规范进行检验、检测、检疫。不需要对检验、检测、检疫结果作进一步技术分析即可认定设备、设施、产品、物品是否符合技术标准、技术规范的，行政机关应当当场作出行政许可决定。

行政机关根据检验、检测、检疫结果，作出不予行政许可决定的，应当书面说明不予行政许可所依据的技术标准、技术规范。

第五十六条 实施本法第十二条第五项所列事项的行政许可，申请人提交的申请材料齐全、符合法定形式的，行政机关应当当场予以登记。需要对申请材料的实质内容进行核实的，行政机关依照本法第三十四条第三款的规定办理。

第五十七条 有数量限制的行政许可，两个或者两个以上申请人的申请均符合法定条件、标准的，行政机关应当根据受理行政许可申请的先后顺序作出准予行政许可的决定。但是，法律、行政法规另有规定的，依照其规定。

第五章 行政许可的费用

第五十八条 行政机关实施行政许可和对行政许可事项进行监督检查，不得收取任何费用。但是，法律、行政法规另有规定的，依照其规定。

行政机关提供行政许可申请书格式文本，不得收费。

行政机关实施行政许可所需经费应当列入本行政机关的预算，由本级财政予以保障，按照批准的预算予以核拨。

第五十九条 行政机关实施行政许可，依照法律、行政法规收取费用的，应当按照公布的法定项目和标准收费；所收取的费用必须全部上缴国库，任何机关或者个人不得以任何形式截留、挪用、私分或者变相私分。财政部门不得以任何形式向行政机关返还或者变相返还实施行政许可所收取的费用。

第六章 监督检查

第六十条 上级行政机关应当加强对下级行政机关实施行政

许可的监督检查,及时纠正行政许可实施中的违法行为。

第六十一条　行政机关应当建立健全监督制度,通过核查反映被许可人从事行政许可事项活动情况的有关材料,履行监督责任。

行政机关依法对被许可人从事行政许可事项的活动进行监督检查时,应当将监督检查的情况和处理结果予以记录,由监督检查人员签字后归档。公众有权查阅行政机关监督检查记录。

行政机关应当创造条件,实现与被许可人、其他有关行政机关的计算机档案系统互联,核查被许可人从事行政许可事项活动情况。

第六十二条　行政机关可以对被许可人生产经营的产品依法进行抽样检查、检验、检测,对其生产经营场所依法进行实地检查。检查时,行政机关可以依法查阅或者要求被许可人报送有关材料;被许可人应当如实提供有关情况和材料。

行政机关根据法律、行政法规的规定,对直接关系公共安全、人身健康、生命财产安全的重要设备、设施进行定期检验。对检验合格的,行政机关应当发给相应的证明文件。

第六十三条　行政机关实施监督检查,不得妨碍被许可人正常的生产经营活动,不得索取或者收受被许可人的财物,不得谋取其他利益。

第六十四条　被许可人在作出行政许可决定的行政机关管辖区域外违法从事行政许可事项活动的,违法行为发生地的行政机关应当依法将被许可人的违法事实、处理结果抄告作出行政许可决定的行政机关。

第六十五条　个人和组织发现违法从事行政许可事项的活动,有权向行政机关举报,行政机关应当及时核实、处理。

第六十六条　被许可人未依法履行开发利用自然资源义务或者未依法履行利用公共资源义务的,行政机关应当责令限期改正;

被许可人在规定期限内不改正的，行政机关应当依照有关法律、行政法规的规定予以处理。

第六十七条 取得直接关系公共利益的特定行业的市场准入行政许可的被许可人，应当按照国家规定的服务标准、资费标准和行政机关依法规定的条件，向用户提供安全、方便、稳定和价格合理的服务，并履行普遍服务的义务；未经作出行政许可决定的行政机关批准，不得擅自停业、歇业。

被许可人不履行前款规定的义务的，行政机关应当责令限期改正，或者依法采取有效措施督促其履行义务。

第六十八条 对直接关系公共安全、人身健康、生命财产安全的重要设备、设施，行政机关应当督促设计、建造、安装和使用单位建立相应的自检制度。

行政机关在监督检查时，发现直接关系公共安全、人身健康、生命财产安全的重要设备、设施存在安全隐患的，应当责令停止建造、安装和使用，并责令设计、建造、安装和使用单位立即改正。

第六十九条 有下列情形之一的，作出行政许可决定的行政机关或者其上级行政机关，根据利害关系人的请求或者依据职权，可以撤销行政许可：

（一）行政机关工作人员滥用职权、玩忽职守作出准予行政许可决定的；

（二）超越法定职权作出准予行政许可决定的；

（三）违反法定程序作出准予行政许可决定的；

（四）对不具备申请资格或者不符合法定条件的申请人准予行政许可的；

（五）依法可以撤销行政许可的其他情形。

被许可人以欺骗、贿赂等不正当手段取得行政许可的，应当予以撤销。

依照前两款的规定撤销行政许可，可能对公共利益造成重大损害的，不予撤销。

依照本条第一款的规定撤销行政许可，被许可人的合法权益受到损害的，行政机关应当依法给予赔偿。依照本条第二款的规定撤销行政许可的，被许可人基于行政许可取得的利益不受保护。

第七十条　有下列情形之一的，行政机关应当依法办理有关行政许可的注销手续：

（一）行政许可有效期届满未延续的；

（二）赋予公民特定资格的行政许可，该公民死亡或者丧失行为能力的；

（三）法人或者其他组织依法终止的；

（四）行政许可依法被撤销、撤回，或者行政许可证件依法被吊销的；

（五）因不可抗力导致行政许可事项无法实施的；

（六）法律、法规规定的应当注销行政许可的其他情形。

第七章　法律责任

第七十一条　违反本法第十七条规定设定的行政许可，有关机关应当责令设定该行政许可的机关改正，或者依法予以撤销。

第七十二条　行政机关及其工作人员违反本法的规定，有下列情形之一的，由其上级行政机关或者监察机关责令改正；情节严重的，对直接负责的主管人员和其他直接责任人员依法给予行政处分：

（一）对符合法定条件的行政许可申请不予受理的；

（二）不在办公场所公示依法应当公示的材料的；

（三）在受理、审查、决定行政许可过程中，未向申请人、利害关系人履行法定告知义务的；

（四）申请人提交的申请材料不齐全、不符合法定形式，不一次告知申请人必须补正的全部内容的；

（五）违法披露申请人提交的商业秘密、未披露信息或者保密商务信息的；

（六）以转让技术作为取得行政许可的条件，或者在实施行政许可的过程中直接或者间接地要求转让技术的；

（七）未依法说明不受理行政许可申请或者不予行政许可的理由的；

（八）依法应当举行听证而不举行听证的。

第七十三条 行政机关工作人员办理行政许可、实施监督检查，索取或者收受他人财物或者谋取其他利益，构成犯罪的，依法追究刑事责任；尚不构成犯罪的，依法给予行政处分。

第七十四条 行政机关实施行政许可，有下列情形之一的，由其上级行政机关或者监察机关责令改正，对直接负责的主管人员和其他直接责任人员依法给予行政处分；构成犯罪的，依法追究刑事责任：

（一）对不符合法定条件的申请人准予行政许可或者超越法定职权作出准予行政许可决定的；

（二）对符合法定条件的申请人不予行政许可或者不在法定期限内作出准予行政许可决定的；

（三）依法应当根据招标、拍卖结果或者考试成绩择优作出准予行政许可决定，未经招标、拍卖或者考试，或者不根据招标、拍卖结果或者考试成绩择优作出准予行政许可决定的。

第七十五条 行政机关实施行政许可，擅自收费或者不按照法定项目和标准收费的，由其上级行政机关或者监察机关责令退还非法收取的费用；对直接负责的主管人员和其他直接责任人员依法给予行政处分。

截留、挪用、私分或者变相私分实施行政许可依法收取的费用的，予以追缴；对直接负责的主管人员和其他直接责任人员依法给予行政处分；构成犯罪的，依法追究刑事责任。

第七十六条　行政机关违法实施行政许可，给当事人的合法权益造成损害的，应当依照国家赔偿法的规定给予赔偿。

第七十七条　行政机关不依法履行监督职责或者监督不力，造成严重后果的，由其上级行政机关或者监察机关责令改正，对直接负责的主管人员和其他直接责任人员依法给予行政处分；构成犯罪的，依法追究刑事责任。

第七十八条　行政许可申请人隐瞒有关情况或者提供虚假材料申请行政许可的，行政机关不予受理或者不予行政许可，并给予警告；行政许可申请属于直接关系公共安全、人身健康、生命财产安全事项的，申请人在一年内不得再次申请该行政许可。

第七十九条　被许可人以欺骗、贿赂等不正当手段取得行政许可的，行政机关应当依法给予行政处罚；取得的行政许可属于直接关系公共安全、人身健康、生命财产安全事项的，申请人在三年内不得再次申请该行政许可；构成犯罪的，依法追究刑事责任。

第八十条　被许可人有下列行为之一的，行政机关应当依法给予行政处罚；构成犯罪的，依法追究刑事责任：

（一）涂改、倒卖、出租、出借行政许可证件，或者以其他形式非法转让行政许可的；

（二）超越行政许可范围进行活动的；

（三）向负责监督检查的行政机关隐瞒有关情况、提供虚假材料或者拒绝提供反映其活动情况的真实材料的；

（四）法律、法规、规章规定的其他违法行为。

第八十一条　公民、法人或者其他组织未经行政许可，擅自从事依法应当取得行政许可的活动的，行政机关应当依法采取措施予以制止,并依法给予行政处罚;构成犯罪的,依法追究刑事责任。

第八章 附 则

第八十二条 本法规定的行政机关实施行政许可的期限以工作日计算,不含法定节假日。

第八十三条 本法自 2004 年 7 月 1 日起施行。

本法施行前有关行政许可的规定,制定机关应当依照本法规定予以清理;不符合本法规定的,自本法施行之日起停止执行。

中华人民共和国行政处罚法

(1996 年 3 月 17 日第八届全国人民代表大会第四次会议通过 根据 2009 年 8 月 27 日第十一届全国人民代表大会常务委员会第十次会议《关于修改部分法律的决定》第一次修正 根据 2017 年 9 月 1 日第十二届全国人民代表大会常务委员会第二十九次会议《关于修改〈中华人民共和国法官法〉等八部法律的决定》第二次修正 2021 年 1 月 22 日第十三届全国人民代表大会常务委员会第二十五次会议修订)

第一章 总 则

第一条 为了规范行政处罚的设定和实施,保障和监督行政机关有效实施行政管理，维护公共利益和社会秩序，保护公民、法人或者其他组织的合法权益，根据宪法，制定本法。

第二条　行政处罚是指行政机关依法对违反行政管理秩序的公民、法人或者其他组织，以减损权益或者增加义务的方式予以惩戒的行为。

第三条　行政处罚的设定和实施，适用本法。

第四条　公民、法人或者其他组织违反行政管理秩序的行为，应当给予行政处罚的，依照本法由法律、法规、规章规定，并由行政机关依照本法规定的程序实施。

第五条　行政处罚遵循公正、公开的原则。

设定和实施行政处罚必须以事实为依据，与违法行为的事实、性质、情节以及社会危害程度相当。

对违法行为给予行政处罚的规定必须公布；未经公布的，不得作为行政处罚的依据。

第六条　实施行政处罚，纠正违法行为，应当坚持处罚与教育相结合，教育公民、法人或者其他组织自觉守法。

第七条　公民、法人或者其他组织对行政机关所给予的行政处罚，享有陈述权、申辩权；对行政处罚不服的，有权依法申请行政复议或者提起行政诉讼。

公民、法人或者其他组织因行政机关违法给予行政处罚受到损害的，有权依法提出赔偿要求。

第八条　公民、法人或者其他组织因违法行为受到行政处罚，其违法行为对他人造成损害的，应当依法承担民事责任。

违法行为构成犯罪，应当依法追究刑事责任的，不得以行政处罚代替刑事处罚。

第二章　行政处罚的种类和设定

第九条　行政处罚的种类：

（一）警告、通报批评；

（二）罚款、没收违法所得、没收非法财物；

（三）暂扣许可证件、降低资质等级、吊销许可证件；

（四）限制开展生产经营活动、责令停产停业、责令关闭、限制从业；

（五）行政拘留；

（六）法律、行政法规规定的其他行政处罚。

第十条 法律可以设定各种行政处罚。

限制人身自由的行政处罚，只能由法律设定。

第十一条 行政法规可以设定除限制人身自由以外的行政处罚。

法律对违法行为已经作出行政处罚规定，行政法规需要作出具体规定的，必须在法律规定的给予行政处罚的行为、种类和幅度的范围内规定。

法律对违法行为未作出行政处罚规定，行政法规为实施法律，可以补充设定行政处罚。拟补充设定行政处罚的，应当通过听证会、论证会等形式广泛听取意见，并向制定机关作出书面说明。行政法规报送备案时，应当说明补充设定行政处罚的情况。

第十二条 地方性法规可以设定除限制人身自由、吊销营业执照以外的行政处罚。

法律、行政法规对违法行为已经作出行政处罚规定，地方性法规需要作出具体规定的，必须在法律、行政法规规定的给予行政处罚的行为、种类和幅度的范围内规定。

法律、行政法规对违法行为未作出行政处罚规定，地方性法规为实施法律、行政法规，可以补充设定行政处罚。拟补充设定行政处罚的，应当通过听证会、论证会等形式广泛听取意见，并向制定机关作出书面说明。地方性法规报送备案时，应当说明补充设定行政处罚的情况。

第十三条 国务院部门规章可以在法律、行政法规规定的给予行政处罚的行为、种类和幅度的范围内作出具体规定。

尚未制定法律、行政法规的,国务院部门规章对违反行政管理秩序的行为,可以设定警告、通报批评或者一定数额罚款的行政处罚。罚款的限额由国务院规定。

第十四条 地方政府规章可以在法律、法规规定的给予行政处罚的行为、种类和幅度的范围内作出具体规定。

尚未制定法律、法规的,地方政府规章对违反行政管理秩序的行为,可以设定警告、通报批评或者一定数额罚款的行政处罚。罚款的限额由省、自治区、直辖市人民代表大会常务委员会规定。

第十五条 国务院部门和省、自治区、直辖市人民政府及其有关部门应当定期组织评估行政处罚的实施情况和必要性,对不适当的行政处罚事项及种类、罚款数额等,应当提出修改或者废止的建议。

第十六条 除法律、法规、规章外,其他规范性文件不得设定行政处罚。

第三章 行政处罚的实施机关

第十七条 行政处罚由具有行政处罚权的行政机关在法定职权范围内实施。

第十八条 国家在城市管理、市场监管、生态环境、文化市场、交通运输、应急管理、农业等领域推行建立综合行政执法制度,相对集中行政处罚权。

国务院或者省、自治区、直辖市人民政府可以决定一个行政机关行使有关行政机关的行政处罚权。

限制人身自由的行政处罚权只能由公安机关和法律规定的其他机关行使。

第十九条 法律、法规授权的具有管理公共事务职能的组织可以在法定授权范围内实施行政处罚。

第二十条 行政机关依照法律、法规、规章的规定,可以在其法定权限内书面委托符合本法第二十一条规定条件的组织实施行政处罚。行政机关不得委托其他组织或者个人实施行政处罚。

委托书应当载明委托的具体事项、权限、期限等内容。委托行政机关和受委托组织应当将委托书向社会公布。

委托行政机关对受委托组织实施行政处罚的行为应当负责监督,并对该行为的后果承担法律责任。

受委托组织在委托范围内,以委托行政机关名义实施行政处罚;不得再委托其他组织或者个人实施行政处罚。

第二十一条 受委托组织必须符合以下条件:

(一)依法成立并具有管理公共事务职能;

(二)有熟悉有关法律、法规、规章和业务并取得行政执法资格的工作人员;

(三)需要进行技术检查或者技术鉴定的,应当有条件组织进行相应的技术检查或者技术鉴定。

第四章 行政处罚的管辖和适用

第二十二条 行政处罚由违法行为发生地的行政机关管辖。法律、行政法规、部门规章另有规定的,从其规定。

第二十三条 行政处罚由县级以上地方人民政府具有行政处罚权的行政机关管辖。法律、行政法规另有规定的,从其规定。

第二十四条 省、自治区、直辖市根据当地实际情况,可以决定将基层管理迫切需要的县级人民政府部门的行政处罚权交由能够有效承接的乡镇人民政府、街道办事处行使，并定期组织评估。决定应当公布。

承接行政处罚权的乡镇人民政府、街道办事处应当加强执法能力建设，按照规定范围、依照法定程序实施行政处罚。

有关地方人民政府及其部门应当加强组织协调、业务指导、执法监督，建立健全行政处罚协调配合机制，完善评议、考核制度。

第二十五条 两个以上行政机关都有管辖权的，由最先立案的行政机关管辖。

对管辖发生争议的，应当协商解决，协商不成的，报请共同的上一级行政机关指定管辖；也可以直接由共同的上一级行政机关指定管辖。

第二十六条 行政机关因实施行政处罚的需要，可以向有关机关提出协助请求。协助事项属于被请求机关职权范围内的，应当依法予以协助。

第二十七条 违法行为涉嫌犯罪的，行政机关应当及时将案件移送司法机关，依法追究刑事责任。对依法不需要追究刑事责任或者免予刑事处罚，但应当给予行政处罚的，司法机关应当及时将案件移送有关行政机关。

行政处罚实施机关与司法机关之间应当加强协调配合，建立健全案件移送制度，加强证据材料移交、接收衔接，完善案件处理信息通报机制。

第二十八条 行政机关实施行政处罚时，应当责令当事人改正或者限期改正违法行为。

当事人有违法所得，除依法应当退赔的外，应当予以没收。违法所得是指实施违法行为所取得的款项。法律、行政法规、部门规章对违法所得的计算另有规定的，从其规定。

第二十九条 对当事人的同一个违法行为,不得给予两次以上罚款的行政处罚。同一个违法行为违反多个法律规范应当给予罚款处罚的,按照罚款数额高的规定处罚。

第三十条 不满十四周岁的未成年人有违法行为的,不予行政处罚,责令监护人加以管教;已满十四周岁不满十八周岁的未成年人有违法行为的,应当从轻或者减轻行政处罚。

第三十一条 精神病人、智力残疾人在不能辨认或者不能控制自己行为时有违法行为的,不予行政处罚,但应当责令其监护人严加看管和治疗。间歇性精神病人在精神正常时有违法行为的,应当给予行政处罚。尚未完全丧失辨认或者控制自己行为能力的精神病人、智力残疾人有违法行为的,可以从轻或者减轻行政处罚。

第三十二条 当事人有下列情形之一,应当从轻或者减轻行政处罚:

(一)主动消除或者减轻违法行为危害后果的;

(二)受他人胁迫或者诱骗实施违法行为的;

(三)主动供述行政机关尚未掌握的违法行为的;

(四)配合行政机关查处违法行为有立功表现的;

(五)法律、法规、规章规定其他应当从轻或者减轻行政处罚的。

第三十三条 违法行为轻微并及时改正,没有造成危害后果的,不予行政处罚。初次违法且危害后果轻微并及时改正的,可以不予行政处罚。

当事人有证据足以证明没有主观过错的,不予行政处罚。法律、行政法规另有规定的,从其规定。

对当事人的违法行为依法不予行政处罚的,行政机关应当对当事人进行教育。

第三十四条 行政机关可以依法制定行政处罚裁量基准，规范行使行政处罚裁量权。行政处罚裁量基准应当向社会公布。

第三十五条 违法行为构成犯罪，人民法院判处拘役或者有期徒刑时，行政机关已经给予当事人行政拘留的，应当依法折抵相应刑期。

违法行为构成犯罪，人民法院判处罚金时，行政机关已经给予当事人罚款的，应当折抵相应罚金；行政机关尚未给予当事人罚款的，不再给予罚款。

第三十六条 违法行为在二年内未被发现的，不再给予行政处罚；涉及公民生命健康安全、金融安全且有危害后果的，上述期限延长至五年。法律另有规定的除外。

前款规定的期限，从违法行为发生之日起计算；违法行为有连续或者继续状态的，从行为终了之日起计算。

第三十七条 实施行政处罚，适用违法行为发生时的法律、法规、规章的规定。但是，作出行政处罚决定时，法律、法规、规章已被修改或者废止，且新的规定处罚较轻或者不认为是违法的，适用新的规定。

第三十八条 行政处罚没有依据或者实施主体不具有行政主体资格的，行政处罚无效。

违反法定程序构成重大且明显违法的，行政处罚无效。

第五章 行政处罚的决定

第一节 一般规定

第三十九条 行政处罚的实施机关、立案依据、实施程序和救济渠道等信息应当公示。

第四十条 公民、法人或者其他组织违反行政管理秩序的行为，依法应当给予行政处罚的，行政机关必须查明事实；违法事实不清、证据不足的，不得给予行政处罚。

第四十一条 行政机关依照法律、行政法规规定利用电子技术监控设备收集、固定违法事实的，应当经过法制和技术审核，确保电子技术监控设备符合标准、设置合理、标志明显，设置地点应当向社会公布。

电子技术监控设备记录违法事实应当真实、清晰、完整、准确。行政机关应当审核记录内容是否符合要求；未经审核或者经审核不符合要求的，不得作为行政处罚的证据。

行政机关应当及时告知当事人违法事实，并采取信息化手段或者其他措施，为当事人查询、陈述和申辩提供便利。不得限制或者变相限制当事人享有的陈述权、申辩权。

第四十二条 行政处罚应当由具有行政执法资格的执法人员实施。执法人员不得少于两人，法律另有规定的除外。

执法人员应当文明执法，尊重和保护当事人合法权益。

第四十三条 执法人员与案件有直接利害关系或者有其他关系可能影响公正执法的，应当回避。

当事人认为执法人员与案件有直接利害关系或者有其他关系可能影响公正执法的，有权申请回避。

当事人提出回避申请的，行政机关应当依法审查，由行政机关负责人决定。决定作出之前，不停止调查。

第四十四条 行政机关在作出行政处罚决定之前，应当告知当事人拟作出的行政处罚内容及事实、理由、依据，并告知当事人依法享有的陈述、申辩、要求听证等权利。

第四十五条 当事人有权进行陈述和申辩。行政机关必须充分听取当事人的意见，对当事人提出的事实、理由和证据，应当进行复核；当事人提出的事实、理由或者证据成立的，行政机关应当采纳。

行政机关不得因当事人陈述、申辩而给予更重的处罚。

第四十六条　证据包括：

（一）书证；

（二）物证；

（三）视听资料；

（四）电子数据；

（五）证人证言；

（六）当事人的陈述；

（七）鉴定意见；

（八）勘验笔录、现场笔录。

证据必须经查证属实，方可作为认定案件事实的根据。

以非法手段取得的证据，不得作为认定案件事实的根据。

第四十七条　行政机关应当依法以文字、音像等形式，对行政处罚的启动、调查取证、审核、决定、送达、执行等进行全过程记录，归档保存。

第四十八条　具有一定社会影响的行政处罚决定应当依法公开。

公开的行政处罚决定被依法变更、撤销、确认违法或者确认无效的，行政机关应当在三日内撤回行政处罚决定信息并公开说明理由。

第四十九条　发生重大传染病疫情等突发事件，为了控制、减轻和消除突发事件引起的社会危害，行政机关对违反突发事件应对措施的行为，依法快速、从重处罚。

第五十条　行政机关及其工作人员对实施行政处罚过程中知悉的国家秘密、商业秘密或者个人隐私，应当依法予以保密。

第二节 简易程序

第五十一条 违法事实确凿并有法定依据，对公民处以二百元以下、对法人或者其他组织处以三千元以下罚款或者警告的行政处罚的，可以当场作出行政处罚决定。法律另有规定的，从其规定。

第五十二条 执法人员当场作出行政处罚决定的，应当向当事人出示执法证件，填写预定格式、编有号码的行政处罚决定书，并当场交付当事人。当事人拒绝签收的，应当在行政处罚决定书上注明。

前款规定的行政处罚决定书应当载明当事人的违法行为，行政处罚的种类和依据、罚款数额、时间、地点，申请行政复议、提起行政诉讼的途径和期限以及行政机关名称，并由执法人员签名或者盖章。

执法人员当场作出的行政处罚决定，应当报所属行政机关备案。

第五十三条 对当场作出的行政处罚决定，当事人应当依照本法第六十七条至第六十九条的规定履行。

第三节 普通程序

第五十四条 除本法第五十一条规定的可以当场作出的行政处罚外，行政机关发现公民、法人或者其他组织有依法应当给予行政处罚的行为的，必须全面、客观、公正地调查，收集有关证据；必要时，依照法律、法规的规定，可以进行检查。

符合立案标准的，行政机关应当及时立案。

第五十五条 执法人员在调查或者进行检查时，应当主动向当事人或者有关人员出示执法证件。当事人或者有关人员有权要求执法人员出示执法证件。执法人员不出示执法证件的，当事人或者有关人员有权拒绝接受调查或者检查。

当事人或者有关人员应当如实回答询问，并协助调查或者检查，不得拒绝或者阻挠。询问或者检查应当制作笔录。

第五十六条 行政机关在收集证据时，可以采取抽样取证的方法；在证据可能灭失或者以后难以取得的情况下，经行政机关负责人批准，可以先行登记保存，并应当在七日内及时作出处理决定，在此期间，当事人或者有关人员不得销毁或者转移证据。

第五十七条 调查终结，行政机关负责人应当对调查结果进行审查，根据不同情况，分别作出如下决定：

（一）确有应受行政处罚的违法行为的，根据情节轻重及具体情况，作出行政处罚决定；

（二）违法行为轻微，依法可以不予行政处罚的，不予行政处罚；

（三）违法事实不能成立的，不予行政处罚；

（四）违法行为涉嫌犯罪的，移送司法机关。

对情节复杂或者重大违法行为给予行政处罚，行政机关负责人应当集体讨论决定。

第五十八条 有下列情形之一，在行政机关负责人作出行政处罚的决定之前，应当由从事行政处罚决定法制审核的人员进行法制审核；未经法制审核或者审核未通过的，不得作出决定：

（一）涉及重大公共利益的；

（二）直接关系当事人或者第三人重大权益，经过听证程序的；

（三）案件情况疑难复杂、涉及多个法律关系的；

（四）法律、法规规定应当进行法制审核的其他情形。

行政机关中初次从事行政处罚决定法制审核的人员，应当通过国家统一法律职业资格考试取得法律职业资格。

第五十九条 行政机关依照本法第五十七条的规定给予行政处罚，应当制作行政处罚决定书。行政处罚决定书应当载明下列事项：

（一）当事人的姓名或者名称、地址；

（二）违反法律、法规、规章的事实和证据；

（三）行政处罚的种类和依据；

（四）行政处罚的履行方式和期限；

（五）申请行政复议、提起行政诉讼的途径和期限；

（六）作出行政处罚决定的行政机关名称和作出决定的日期。

行政处罚决定书必须盖有作出行政处罚决定的行政机关的印章。

第六十条 行政机关应当自行政处罚案件立案之日起九十日内作出行政处罚决定。法律、法规、规章另有规定的，从其规定。

第六十一条 行政处罚决定书应当在宣告后当场交付当事人；当事人不在场的，行政机关应当在七日内依照《中华人民共和国民事诉讼法》的有关规定，将行政处罚决定书送达当事人。

当事人同意并签订确认书的，行政机关可以采用传真、电子邮件等方式，将行政处罚决定书等送达当事人。

第六十二条 行政机关及其执法人员在作出行政处罚决定之前，未依照本法第四十四条、第四十五条的规定向当事人告知拟作出的行政处罚内容及事实、理由、依据，或者拒绝听取当事人的陈述、申辩,不得作出行政处罚决定;当事人明确放弃陈述或者申辩权利的除外。

第四节 听证程序

第六十三条 行政机关拟作出下列行政处罚决定,应当告知当事人有要求听证的权利,当事人要求听证的,行政机关应当组织听证:

(一)较大数额罚款;

(二)没收较大数额违法所得、没收较大价值非法财物;

(三)降低资质等级、吊销许可证件;

(四)责令停产停业、责令关闭、限制从业;

(五)其他较重的行政处罚;

(六)法律、法规、规章规定的其他情形。

当事人不承担行政机关组织听证的费用。

第六十四条 听证应当依照以下程序组织:

(一)当事人要求听证的,应当在行政机关告知后五日内提出;

(二)行政机关应当在举行听证的七日前,通知当事人及有关人员听证的时间、地点;

(三)除涉及国家秘密、商业秘密或者个人隐私依法予以保密外,听证公开举行;

(四)听证由行政机关指定的非本案调查人员主持;当事人认为主持人与本案有直接利害关系的,有权申请回避;

(五)当事人可以亲自参加听证,也可以委托一至二人代理;

(六)当事人及其代理人无正当理由拒不出席听证或者未经许可中途退出听证的,视为放弃听证权利,行政机关终止听证;

（七）举行听证时，调查人员提出当事人违法的事实、证据和行政处罚建议，当事人进行申辩和质证；

（八）听证应当制作笔录。笔录应当交当事人或者其代理人核对无误后签字或者盖章。当事人或者其代理人拒绝签字或者盖章的，由听证主持人在笔录中注明。

第六十五条 听证结束后，行政机关应当根据听证笔录，依照本法第五十七条的规定，作出决定。

第六章 行政处罚的执行

第六十六条 行政处罚决定依法作出后，当事人应当在行政处罚决定书载明的期限内，予以履行。

当事人确有经济困难，需要延期或者分期缴纳罚款的，经当事人申请和行政机关批准，可以暂缓或者分期缴纳。

第六十七条 作出罚款决定的行政机关应当与收缴罚款的机构分离。

除依照本法第六十八条、第六十九条的规定当场收缴的罚款外，作出行政处罚决定的行政机关及其执法人员不得自行收缴罚款。

当事人应当自收到行政处罚决定书之日起十五日内，到指定的银行或者通过电子支付系统缴纳罚款。银行应当收受罚款，并将罚款直接上缴国库。

第六十八条 依照本法第五十一条的规定当场作出行政处罚决定，有下列情形之一，执法人员可以当场收缴罚款：

（一）依法给予一百元以下罚款的；

（二）不当场收缴事后难以执行的。

第六十九条 在边远、水上、交通不便地区，行政机关及其执法人员依照本法第五十一条、第五十七条的规定作出罚款决定后，当事人到指定的银行或者通过电子支付系统缴纳罚款确有困难，经当事人提出，行政机关及其执法人员可以当场收缴罚款。

第七十条　行政机关及其执法人员当场收缴罚款的，必须向当事人出具国务院财政部门或者省、自治区、直辖市人民政府财政部门统一制发的专用票据；不出具财政部门统一制发的专用票据的，当事人有权拒绝缴纳罚款。

第七十一条　执法人员当场收缴的罚款，应当自收缴罚款之日起二日内，交至行政机关；在水上当场收缴的罚款，应当自抵岸之日起二日内交至行政机关；行政机关应当在二日内将罚款缴付指定的银行。

第七十二条　当事人逾期不履行行政处罚决定的，作出行政处罚决定的行政机关可以采取下列措施：

（一）到期不缴纳罚款的，每日按罚款数额的百分之三加处罚款，加处罚款的数额不得超出罚款的数额；

（二）根据法律规定，将查封、扣押的财物拍卖、依法处理或者将冻结的存款、汇款划拨抵缴罚款；

（三）根据法律规定，采取其他行政强制执行方式；

（四）依照《中华人民共和国行政强制法》的规定申请人民法院强制执行。

行政机关批准延期、分期缴纳罚款的，申请人民法院强制执行的期限，自暂缓或者分期缴纳罚款期限结束之日起计算。

第七十三条　当事人对行政处罚决定不服，申请行政复议或者提起行政诉讼的，行政处罚不停止执行，法律另有规定的除外。

当事人对限制人身自由的行政处罚决定不服，申请行政复议或者提起行政诉讼的，可以向作出决定的机关提出暂缓执行申请。符合法律规定情形的，应当暂缓执行。

当事人申请行政复议或者提起行政诉讼的，加处罚款的数额在行政复议或者行政诉讼期间不予计算。

第七十四条　除依法应当予以销毁的物品外，依法没收的非法财物必须按照国家规定公开拍卖或者按照国家有关规定处理。

罚款、没收的违法所得或者没收非法财物拍卖的款项，必须全部上缴国库，任何行政机关或者个人不得以任何形式截留、私分或者变相私分。

罚款、没收的违法所得或者没收非法财物拍卖的款项，不得同作出行政处罚决定的行政机关及其工作人员的考核、考评直接或者变相挂钩。除依法应当退还、退赔的外，财政部门不得以任何形式向作出行政处罚决定的行政机关返还罚款、没收的违法所得或者没收非法财物拍卖的款项。

第七十五条　行政机关应当建立健全对行政处罚的监督制度。县级以上人民政府应当定期组织开展行政执法评议、考核，加强对行政处罚的监督检查，规范和保障行政处罚的实施。

行政机关实施行政处罚应当接受社会监督。公民、法人或者其他组织对行政机关实施行政处罚的行为，有权申诉或者检举；行政机关应当认真审查，发现有错误的，应当主动改正。

第七章　法律责任

第七十六条　行政机关实施行政处罚，有下列情形之一，由上级行政机关或者有关机关责令改正，对直接负责的主管人员和其他直接责任人员依法给予处分：

(一)没有法定的行政处罚依据的;

(二)擅自改变行政处罚种类、幅度的;

(三)违反法定的行政处罚程序的;

(四)违反本法第二十条关于委托处罚的规定的;

(五)执法人员未取得执法证件的。

行政机关对符合立案标准的案件不及时立案的,依照前款规定予以处理。

第七十七条 行政机关对当事人进行处罚不使用罚款、没收财物单据或者使用非法定部门制发的罚款、没收财物单据的,当事人有权拒绝,并有权予以检举,由上级行政机关或者有关机关对使用的非法单据予以收缴销毁,对直接负责的主管人员和其他直接责任人员依法给予处分。

第七十八条 行政机关违反本法第六十七条的规定自行收缴罚款的,财政部门违反本法第七十四条的规定向行政机关返还罚款、没收的违法所得或者拍卖款项的,由上级行政机关或者有关机关责令改正,对直接负责的主管人员和其他直接责任人员依法给予处分。

第七十九条 行政机关截留、私分或者变相私分罚款、没收的违法所得或者财物的,由财政部门或者有关机关予以追缴,对直接负责的主管人员和其他直接责任人员依法给予处分;情节严重构成犯罪的,依法追究刑事责任。

执法人员利用职务上的便利,索取或者收受他人财物、将收缴罚款据为己有,构成犯罪的,依法追究刑事责任;情节轻微不构成犯罪的,依法给予处分。

第八十条 行政机关使用或者损毁查封、扣押的财物,对当事人造成损失的,应当依法予以赔偿,对直接负责的主管人员和其他直接责任人员依法给予处分。

第八十一条　行政机关违法实施检查措施或者执行措施，给公民人身或者财产造成损害、给法人或者其他组织造成损失的，应当依法予以赔偿，对直接负责的主管人员和其他直接责任人员依法给予处分；情节严重构成犯罪的，依法追究刑事责任。

第八十二条　行政机关对应当依法移交司法机关追究刑事责任的案件不移交，以行政处罚代替刑事处罚，由上级行政机关或者有关机关责令改正，对直接负责的主管人员和其他直接责任人员依法给予处分；情节严重构成犯罪的，依法追究刑事责任。

第八十三条　行政机关对应当予以制止和处罚的违法行为不予制止、处罚，致使公民、法人或者其他组织的合法权益、公共利益和社会秩序遭受损害的，对直接负责的主管人员和其他直接责任人员依法给予处分；情节严重构成犯罪的，依法追究刑事责任。

第八章　附　　则

第八十四条　外国人、无国籍人、外国组织在中华人民共和国领域内有违法行为，应当给予行政处罚的，适用本法，法律另有规定的除外。

第八十五条　本法中“二日”“三日”“五日”“七日”的规定是指工作日，不含法定节假日。

第八十六条　本法自2021年7月15日起施行。

中华人民共和国国家赔偿法（节录）

（1994年5月12日第八届全国人民代表大会常务委员会第七次会议通过　根据2010年4月29日第十一届全国人民代表大会常务委员会第十四次会议《关于修改〈中华人民共和国国家赔偿法〉的决定》第一次修正　根据2012年10月26日第十一届全国人民代表大会常务委员会第二十九次会议《关于修改〈中华人民共和国国家赔偿法〉的决定》第二次修正）

第二章　行政赔偿

第一节　赔偿范围

第三条　行政机关及其工作人员在行使行政职权时有下列侵犯人身权情形之一的，受害人有取得赔偿的权利：

（一）违法拘留或者违法采取限制公民人身自由的行政强制措施的；

（二）非法拘禁或者以其他方法非法剥夺公民人身自由的；

（三）以殴打、虐待等行为或者唆使、放纵他人以殴打、虐待等行为造成公民身体伤害或者死亡的；

(四)违法使用武器、警械造成公民身体伤害或者死亡的;

(五)造成公民身体伤害或者死亡的其他违法行为。

第四条　行政机关及其工作人员在行使行政职权时有下列侵犯财产权情形之一的,受害人有取得赔偿的权利:

(一)违法实施罚款、吊销许可证和执照、责令停产停业、没收财物等行政处罚的;

(二)违法对财产采取查封、扣押、冻结等行政强制措施的;

(三)违法征收、征用财产的;

(四)造成财产损害的其他违法行为。

第五条　属于下列情形之一的,国家不承担赔偿责任:

(一)行政机关工作人员与行使职权无关的个人行为;

(二)因公民、法人和其他组织自己的行为致使损害发生的;

(三)法律规定的其他情形。

第二节　赔偿请求人和赔偿义务机关

第六条　受害的公民、法人和其他组织有权要求赔偿。

受害的公民死亡,其继承人和其他有扶养关系的亲属有权要求赔偿。

受害的法人或者其他组织终止的,其权利承受人有权要求赔偿。

第七条　行政机关及其工作人员行使行政职权侵犯公民、法人和其他组织的合法权益造成损害的,该行政机关为赔偿义务机关。

两个以上行政机关共同行使行政职权时侵犯公民、法人和其他组织的合法权益造成损害的,共同行使行政职权的行政机关为共同赔偿义务机关。

法律、法规授权的组织在行使授予的行政权力时侵犯公民、法人和其他组织的合法权益造成损害的，被授权的组织为赔偿义务机关。

受行政机关委托的组织或者个人在行使受委托的行政权力时侵犯公民、法人和其他组织的合法权益造成损害的，委托的行政机关为赔偿义务机关。

赔偿义务机关被撤销的，继续行使其职权的行政机关为赔偿义务机关；没有继续行使其职权的行政机关的，撤销该赔偿义务机关的行政机关为赔偿义务机关。

第八条 经复议机关复议的，最初造成侵权行为的行政机关为赔偿义务机关，但复议机关的复议决定加重损害的，复议机关对加重的部分履行赔偿义务。

第三节 赔偿程序

第九条 赔偿义务机关有本法第三条、第四条规定情形之一的，应当给予赔偿。

赔偿请求人要求赔偿，应当先向赔偿义务机关提出，也可以在申请行政复议或者提起行政诉讼时一并提出。

第十条 赔偿请求人可以向共同赔偿义务机关中的任何一个赔偿义务机关要求赔偿，该赔偿义务机关应当先予赔偿。

第十一条 赔偿请求人根据受到的不同损害，可以同时提出数项赔偿要求。

第十二条 要求赔偿应当递交申请书，申请书应当载明下列事项：

（一）受害人的姓名、性别、年龄、工作单位和住所，法人或者其他组织的名称、住所和法定代表人或者主要负责人的姓名、

职务;

(二)具体的要求、事实根据和理由;

(三)申请的年、月、日。

赔偿请求人书写申请书确有困难的,可以委托他人代书;也可以口头申请,由赔偿义务机关记入笔录。

赔偿请求人不是受害人本人的,应当说明与受害人的关系,并提供相应证明。

赔偿请求人当面递交申请书的,赔偿义务机关应当当场出具加盖本行政机关专用印章并注明收讫日期的书面凭证。申请材料不齐全的,赔偿义务机关应当当场或者在五日内一次性告知赔偿请求人需要补正的全部内容。

第十三条 赔偿义务机关应当自收到申请之日起两个月内,作出是否赔偿的决定。赔偿义务机关作出赔偿决定,应当充分听取赔偿请求人的意见,并可以与赔偿请求人就赔偿方式、赔偿项目和赔偿数额依照本法第四章的规定进行协商。

赔偿义务机关决定赔偿的,应当制作赔偿决定书,并自作出决定之日起十日内送达赔偿请求人。

赔偿义务机关决定不予赔偿的,应当自作出决定之日起十日内书面通知赔偿请求人,并说明不予赔偿的理由。

第十四条 赔偿义务机关在规定期限内未作出是否赔偿的决定,赔偿请求人可以自期限届满之日起三个月内,向人民法院提起诉讼。

赔偿请求人对赔偿的方式、项目、数额有异议的,或者赔偿义务机关作出不予赔偿决定的,赔偿请求人可以自赔偿义务机关作出赔偿或者不予赔偿决定之日起三个月内,向人民法院提起诉讼。

第十五条 人民法院审理行政赔偿案件,赔偿请求人和赔偿义务机关对自己提出的主张,应当提供证据。

赔偿义务机关采取行政拘留或者限制人身自由的强制措施期间，被限制人身自由的人死亡或者丧失行为能力的，赔偿义务机关的行为与被限制人身自由的人的死亡或者丧失行为能力是否存在因果关系，赔偿义务机关应当提供证据。

第十六条　赔偿义务机关赔偿损失后，应当责令有故意或者重大过失的工作人员或者受委托的组织或者个人承担部分或者全部赔偿费用。

对有故意或者重大过失的责任人员，有关机关应当依法给予处分；构成犯罪的，应当依法追究刑事责任。

第四章　赔偿方式和计算标准

第三十二条　国家赔偿以支付赔偿金为主要方式。

能够返还财产或者恢复原状的，予以返还财产或者恢复原状。

第三十三条　侵犯公民人身自由的，每日赔偿金按照国家上年度职工日平均工资计算。

第三十四条　侵犯公民生命健康权的，赔偿金按照下列规定计算：

（一）造成身体伤害的，应当支付医疗费、护理费，以及赔偿因误工减少的收入。减少的收入每日的赔偿金按照国家上年度职工日平均工资计算，最高额为国家上年度职工年平均工资的五倍；

（二）造成部分或者全部丧失劳动能力的，应当支付医疗费、护理费、残疾生活辅助具费、康复费等因残疾而增加的必要支出和继续治疗所必需的费用，以及残疾赔偿金。残疾赔偿金根据丧失劳动能力的程度，按照国家规定的伤残等级确定，最高不超过国家上年度职工年平均工资的二十倍。造成全部丧失劳动能力的，对其扶养的无劳动能力的人，还应当支付生活费；

(三)造成死亡的,应当支付死亡赔偿金、丧葬费,总额为国家上年度职工年平均工资的二十倍。对死者生前扶养的无劳动能力的人,还应当支付生活费。

前款第二项、第三项规定的生活费的发放标准,参照当地最低生活保障标准执行。被扶养的人是未成年人的,生活费给付至十八周岁止;其他无劳动能力的人,生活费给付至死亡时止。

第三十五条 有本法第三条或者第十七条规定情形之一,致人精神损害的,应当在侵权行为影响的范围内,为受害人消除影响,恢复名誉,赔礼道歉;造成严重后果的,应当支付相应的精神损害抚慰金。

第三十六条 侵犯公民、法人和其他组织的财产权造成损害的,按照下列规定处理:

(一)处罚款、罚金、追缴、没收财产或者违法征收、征用财产的,返还财产;

(二)查封、扣押、冻结财产的,解除对财产的查封、扣押、冻结,造成财产损坏或者灭失的,依照本条第三项、第四项的规定赔偿;

(三)应当返还的财产损坏的,能够恢复原状的恢复原状,不能恢复原状的,按照损害程度给付相应的赔偿金;

(四)应当返还的财产灭失的,给付相应的赔偿金;

(五)财产已经拍卖或者变卖的,给付拍卖或者变卖所得的价款;变卖的价款明显低于财产价值的,应当支付相应的赔偿金;

(六)吊销许可证和执照、责令停产停业的,赔偿停产停业期间必要的经常性费用开支;

(七)返还执行的罚款或者罚金、追缴或者没收的金钱,解除冻结的存款或者汇款的,应当支付银行同期存款利息;

(八)对财产权造成其他损害的,按照直接损失给予赔偿。

第三十七条 赔偿费用列入各级财政预算。

赔偿请求人凭生效的判决书、复议决定书、赔偿决定书或者调解书，向赔偿义务机关申请支付赔偿金。

赔偿义务机关应当自收到支付赔偿金申请之日起七日内，依照预算管理权限向有关的财政部门提出支付申请。财政部门应当自收到支付申请之日起十五日内支付赔偿金。

赔偿费用预算与支付管理的具体办法由国务院规定。

第五章 其他规定

第三十八条 人民法院在民事诉讼、行政诉讼过程中，违法采取对妨害诉讼的强制措施、保全措施或者对判决、裁定及其他生效法律文书执行错误，造成损害的，赔偿请求人要求赔偿的程序，适用本法刑事赔偿程序的规定。

第三十九条 赔偿请求人请求国家赔偿的时效为两年，自其知道或者应当知道国家机关及其工作人员行使职权时的行为侵犯其人身权、财产权之日起计算，但被羁押等限制人身自由期间不计算在内。在申请行政复议或者提起行政诉讼时一并提出赔偿请求的，适用行政复议法、行政诉讼法有关时效的规定。

赔偿请求人在赔偿请求时效的最后六个月内，因不可抗力或者其他障碍不能行使请求权的，时效中止。从中止时效的原因消除之日起，赔偿请求时效期间继续计算。

第四十条 外国人、外国企业和组织在中华人民共和国领域内要求中华人民共和国国家赔偿的，适用本法。

外国人、外国企业和组织的所属国对中华人民共和国公民、法人和其他组织要求该国国家赔偿的权利不予保护或者限制的，中华人民共和国与该外国人、外国企业和组织的所属国实行对等原则。

第六章 附 则

第四十一条 赔偿请求人要求国家赔偿的，赔偿义务机关、复议机关和人民法院不得向赔偿请求人收取任何费用。

对赔偿请求人取得的赔偿金不予征税。

第四十二条 本法自1995年1月1日起施行。

国有土地上房屋征收与补偿条例

（2011年1月21日国务院令第590号公布施行）

第一章 总 则

第一条 为了规范国有土地上房屋征收与补偿活动，维护公共利益，保障被征收房屋所有权人的合法权益，制定本条例。

第二条 为了公共利益的需要，征收国有土地上单位、个人的房屋，应当对被征收房屋所有权人（以下称被征收人）给予公平补偿。

第三条 房屋征收与补偿应当遵循决策民主、程序正当、结果公开的原则。

第四条 市、县级人民政府负责本行政区域的房屋征收与补偿工作。

市、县级人民政府确定的房屋征收部门(以下称房屋征收部门)组织实施本行政区域的房屋征收与补偿工作。

市、县级人民政府有关部门应当依照本条例的规定和本级人民政府规定的职责分工,互相配合,保障房屋征收与补偿工作的顺利进行。

第五条　房屋征收部门可以委托房屋征收实施单位,承担房屋征收与补偿的具体工作。房屋征收实施单位不得以营利为目的。

房屋征收部门对房屋征收实施单位在委托范围内实施的房屋征收与补偿行为负责监督,并对其行为后果承担法律责任。

第六条　上级人民政府应当加强对下级人民政府房屋征收与补偿工作的监督。

国务院住房城乡建设主管部门和省、自治区、直辖市人民政府住房城乡建设主管部门应当会同同级财政、国土资源、发展改革等有关部门,加强对房屋征收与补偿实施工作的指导。

第七条　任何组织和个人对违反本条例规定的行为,都有权向有关人民政府、房屋征收部门和其他有关部门举报。接到举报的有关人民政府、房屋征收部门和其他有关部门对举报应当及时核实、处理。

监察机关应当加强对参与房屋征收与补偿工作的政府和有关部门或者单位及其工作人员的监察。

第二章　征收决定

第八条　为了保障国家安全、促进国民经济和社会发展等公共利益的需要,有下列情形之一,确需征收房屋的,由市、县级人民政府作出房屋征收决定：

（一）国防和外交的需要；

（二）由政府组织实施的能源、交通、水利等基础设施建设的需要；

（三）由政府组织实施的科技、教育、文化、卫生、体育、环境和资源保护、防灾减灾、文物保护、社会福利、市政公用等公共事业的需要；

（四）由政府组织实施的保障性安居工程建设的需要；

（五）由政府依照城乡规划法有关规定组织实施的对危房集中、基础设施落后等地段进行旧城区改建的需要；

（六）法律、行政法规规定的其他公共利益的需要。

第九条 依照本条例第八条规定，确需征收房屋的各项建设活动，应当符合国民经济和社会发展规划、土地利用总体规划、城乡规划和专项规划。保障性安居工程建设、旧城区改建，应当纳入市、县级国民经济和社会发展年度计划。

制定国民经济和社会发展规划、土地利用总体规划、城乡规划和专项规划，应当广泛征求社会公众意见，经过科学论证。

第十条 房屋征收部门拟定征收补偿方案，报市、县级人民政府。

市、县级人民政府应当组织有关部门对征收补偿方案进行论证并予以公布，征求公众意见。征求意见期限不得少于30日。

第十一条 市、县级人民政府应当将征求意见情况和根据公众意见修改的情况及时公布。

因旧城区改建需要征收房屋，多数被征收人认为征收补偿方案不符合本条例规定的，市、县级人民政府应当组织由被征收人和公众代表参加的听证会，并根据听证会情况修改方案。

第十二条 市、县级人民政府作出房屋征收决定前，应当按照有关规定进行社会稳定风险评估;房屋征收决定涉及被征收人数量较多的,应当经政府常务会议讨论决定。

作出房屋征收决定前,征收补偿费用应当足额到位、专户存储、专款专用。

第十三条 市、县级人民政府作出房屋征收决定后应当及时公告。公告应当载明征收补偿方案和行政复议、行政诉讼权利等事项。

市、县级人民政府及房屋征收部门应当做好房屋征收与补偿的宣传、解释工作。

房屋被依法征收的,国有土地使用权同时收回。

第十四条 被征收人对市、县级人民政府作出的房屋征收决定不服的,可以依法申请行政复议,也可以依法提起行政诉讼。

第十五条 房屋征收部门应当对房屋征收范围内房屋的权属、区位、用途、建筑面积等情况组织调查登记,被征收人应当予以配合。调查结果应当在房屋征收范围内向被征收人公布。

第十六条 房屋征收范围确定后,不得在房屋征收范围内实施新建、扩建、改建房屋和改变房屋用途等不当增加补偿费用的行为;违反规定实施的,不予补偿。

房屋征收部门应当将前款所列事项书面通知有关部门暂停办理相关手续。暂停办理相关手续的书面通知应当载明暂停期限。暂停期限最长不得超过 1 年。

第三章 补 偿

第十七条 作出房屋征收决定的市、县级人民政府对被征收人给予的补偿包括:

(一)被征收房屋价值的补偿;

（二）因征收房屋造成的搬迁、临时安置的补偿；

（三）因征收房屋造成的停产停业损失的补偿。

市、县级人民政府应当制定补助和奖励办法，对被征收人给予补助和奖励。

第十八条 征收个人住宅，被征收人符合住房保障条件的，作出房屋征收决定的市、县级人民政府应当优先给予住房保障。具体办法由省、自治区、直辖市制定。

第十九条 对被征收房屋价值的补偿，不得低于房屋征收决定公告之日被征收房屋类似房地产的市场价格。被征收房屋的价值，由具有相应资质的房地产价格评估机构按照房屋征收评估办法评估确定。

对评估确定的被征收房屋价值有异议的，可以向房地产价格评估机构申请复核评估。对复核结果有异议的，可以向房地产价格评估专家委员会申请鉴定。

房屋征收评估办法由国务院住房城乡建设主管部门制定，制定过程中，应当向社会公开征求意见。

第二十条 房地产价格评估机构由被征收人协商选定；协商不成的，通过多数决定、随机选定等方式确定，具体办法由省、自治区、直辖市制定。

房地产价格评估机构应当独立、客观、公正地开展房屋征收评估工作，任何单位和个人不得干预。

第二十一条 被征收人可以选择货币补偿，也可以选择房屋产权调换。

被征收人选择房屋产权调换的，市、县级人民政府应当提供用于产权调换的房屋，并与被征收人计算、结清被征收房屋价值与用于产权调换房屋价值的差价。

因旧城区改建征收个人住宅，被征收人选择在改建地段进行房屋产权调换的，作出房屋征收决定的市、县级人民政府应当提供改建地段或者就近地段的房屋。

第二十二条 因征收房屋造成搬迁的，房屋征收部门应当向被征收人支付搬迁费；选择房屋产权调换的，产权调换房屋交付前，房屋征收部门应当向被征收人支付临时安置费或者提供周转用房。

第二十三条 对因征收房屋造成停产停业损失的补偿，根据房屋被征收前的效益、停产停业期限等因素确定。具体办法由省、自治区、直辖市制定。

第二十四条 市、县级人民政府及其有关部门应当依法加强对建设活动的监督管理，对违反城乡规划进行建设的，依法予以处理。

市、县级人民政府作出房屋征收决定前，应当组织有关部门依法对征收范围内未经登记的建筑进行调查、认定和处理。对认定为合法建筑和未超过批准期限的临时建筑的，应当给予补偿；对认定为违法建筑和超过批准期限的临时建筑的，不予补偿。

第二十五条 房屋征收部门与被征收人依照本条例的规定，就补偿方式、补偿金额和支付期限、用于产权调换房屋的地点和面积、搬迁费、临时安置费或者周转用房、停产停业损失、搬迁期限、过渡方式和过渡期限等事项，订立补偿协议。

补偿协议订立后，一方当事人不履行补偿协议约定的义务的，另一方当事人可以依法提起诉讼。

第二十六条 房屋征收部门与被征收人在征收补偿方案确定的签约期限内达不成补偿协议，或者被征收房屋所有权人不明确的，由房屋征收部门报请作出房屋征收决定的市、县级人民政府依照本条例的规定，按照征收补偿方案作出补偿决定，并在房屋征收范围内予以公告。

补偿决定应当公平，包括本条例第二十五条第一款规定的有关补偿协议的事项。

被征收人对补偿决定不服的，可以依法申请行政复议，也可以依法提起行政诉讼。

第二十七条 实施房屋征收应当先补偿、后搬迁。

作出房屋征收决定的市、县级人民政府对被征收人给予补偿后，被征收人应当在补偿协议约定或者补偿决定确定的搬迁期限内完成搬迁。

任何单位和个人不得采取暴力、威胁或者违反规定中断供水、供热、供气、供电和道路通行等非法方式迫使被征收人搬迁。禁止建设单位参与搬迁活动。

第二十八条 被征收人在法定期限内不申请行政复议或者不提起行政诉讼，在补偿决定规定的期限内又不搬迁的，由作出房屋征收决定的市、县级人民政府依法申请人民法院强制执行。

强制执行申请书应当附具补偿金额和专户存储账号、产权调换房屋和周转用房的地点和面积等材料。

第二十九条 房屋征收部门应当依法建立房屋征收补偿档案，并将分户补偿情况在房屋征收范围内向被征收人公布。

审计机关应当加强对征收补偿费用管理和使用情况的监督，并公布审计结果。

第四章 法律责任

第三十条 市、县级人民政府及房屋征收部门的工作人员在房屋征收与补偿工作中不履行本条例规定的职责，或者滥用职权、玩忽职守、徇私舞弊的，由上级人民政府或者本级人民政府责令改正，通报批评；造成损失的，依法承担赔偿责任；对直接负责的主管人员和其他直接责任人员，依法给予处分；构成犯罪的，依法追究刑事责任。

第三十一条 采取暴力、威胁或者违反规定中断供水、供热、供气、供电和道路通行等非法方式迫使被征收人搬迁，造成损失的，依法承担赔偿责任；对直接负责的主管人员和其他直接责任人员，构成犯罪的，依法追究刑事责任；尚不构成犯罪的，依法给予处分；构成违反治安管理行为的，依法给予治安管理处罚。

第三十二条 采取暴力、威胁等方法阻碍依法进行的房屋征收与补偿工作，构成犯罪的，依法追究刑事责任；构成违反治安管理行为的，依法给予治安管理处罚。

第三十三条 贪污、挪用、私分、截留、拖欠征收补偿费用的，责令改正，追回有关款项，限期退还违法所得，对有关责任单位通报批评、给予警告；造成损失的，依法承担赔偿责任；对直接负责的主管人员和其他直接责任人员，构成犯罪的，依法追究刑事责任；尚不构成犯罪的，依法给予处分。

第三十四条 房地产价格评估机构或者房地产估价师出具虚假或者有重大差错的评估报告的，由发证机关责令限期改正，给予警告，对房地产价格评估机构并处 5 万元以上 20 万元以下罚款，对房地产估价师并处 1 万元以上 3 万元以下罚款，并记入信用档案；情节严重的，吊销资质证书、注册证书；造成损失的，依法承担赔偿责任；构成犯罪的，依法追究刑事责任。

第五章 附 则

第三十五条 本条例自公布之日起施行。2001 年 6 月 13 日国务院公布的《城市房屋拆迁管理条例》同时废止。本条例施行前已依法取得房屋拆迁许可证的项目，继续沿用原有的规定办理，但政府不得责成有关部门强制拆迁。

国有土地上房屋征收评估办法

（2011 年 6 月 3 日住房和城乡建设部发布施行
建房〔2011〕77 号）

第一条　为规范国有土地上房屋征收评估活动，保证房屋征收评估结果客观公平，根据《国有土地上房屋征收与补偿条例》，制定本办法。

第二条　评估国有土地上被征收房屋和用于产权调换房屋的价值，测算被征收房屋类似房地产的市场价格，以及对相关评估结果进行复核评估和鉴定，适用本办法。

第三条　房地产价格评估机构、房地产估价师、房地产价格评估专家委员会（以下称评估专家委员会）成员应当独立、客观、公正地开展房屋征收评估、鉴定工作，并对出具的评估、鉴定意见负责。

任何单位和个人不得干预房屋征收评估、鉴定活动。与房屋征收当事人有利害关系的，应当回避。

第四条　房地产价格评估机构由被征收人在规定时间内协商选定；在规定时间内协商不成的，由房屋征收部门通过组织被征收人按照少数服从多数的原则投票决定，或者采取摇号、抽签等随机方式确定。具体办法由省、自治区、直辖市制定。

房地产价格评估机构不得采取迎合征收当事人不当要求、虚假宣传、恶意低收费等不正当手段承揽房屋征收评估业务。

第五条　同一征收项目的房屋征收评估工作，原则上由一家房地产价格评估机构承担。房屋征收范围较大的，可以由两家以上房地产价格评估机构共同承担。

两家以上房地产价格评估机构承担的，应当共同协商确定一家房地产价格评估机构为牵头单位；牵头单位应当组织相关房地产价格评估机构就评估对象、评估时点、价值内涵、评估依据、评估假设、评估原则、评估技术路线、评估方法、重要参数选取、评估结果确定方式等进行沟通，统一标准。

第六条　房地产价格评估机构选定或者确定后，一般由房屋征收部门作为委托人，向房地产价格评估机构出具房屋征收评估委托书，并与其签订房屋征收评估委托合同。

房屋征收评估委托书应当载明委托人的名称、委托的房地产价格评估机构的名称、评估目的、评估对象范围、评估要求以及委托日期等内容。

房屋征收评估委托合同应当载明下列事项：

（一）委托人和房地产价格评估机构的基本情况；

（二）负责本评估项目的注册房地产估价师；

（三）评估目的、评估对象、评估时点等评估基本事项；

（四）委托人应提供的评估所需资料；

（五）评估过程中双方的权利和义务；

（六）评估费用及收取方式；

（七）评估报告交付时间、方式；

（八）违约责任；

（九）解决争议的方法；

（十）其他需要载明的事项。

第七条 房地产价格评估机构应当指派与房屋征收评估项目工作量相适应的足够数量的注册房地产估价师开展评估工作。

房地产价格评估机构不得转让或者变相转让受托的房屋征收评估业务。

第八条 被征收房屋价值评估目的应当表述为“为房屋征收部门与被征收人确定被征收房屋价值的补偿提供依据,评估被征收房屋的价值”。

用于产权调换房屋价值评估目的应当表述为“为房屋征收部门与被征收人计算被征收房屋价值与用于产权调换房屋价值的差价提供依据,评估用于产权调换房屋的价值”。

第九条 房屋征收评估前,房屋征收部门应当组织有关单位对被征收房屋情况进行调查,明确评估对象。评估对象应当全面、客观,不得遗漏、虚构。

房屋征收部门应当向受托的房地产价格评估机构提供征收范围内房屋情况,包括已经登记的房屋情况和未经登记建筑的认定、处理结果情况。调查结果应当在房屋征收范围内向被征收人公布。

对于已经登记的房屋,其性质、用途和建筑面积,一般以房屋权属证书和房屋登记簿的记载为准;房屋权属证书与房屋登记簿的记载不一致的,除有证据证明房屋登记簿确有错误外,以房屋登记簿为准。对于未经登记的建筑,应当按照市、县级人民政府的认定、处理结果进行评估。

第十条 被征收房屋价值评估时点为房屋征收决定公告之日。

用于产权调换房屋价值评估时点应当与被征收房屋价值评估时点一致。

第十一条 被征收房屋价值是指被征收房屋及其占用范围内

的土地使用权在正常交易情况下,由熟悉情况的交易双方以公平交易方式在评估时点自愿进行交易的金额,但不考虑被征收房屋租赁、抵押、查封等因素的影响。

前款所述不考虑租赁因素的影响,是指评估被征收房屋无租约限制的价值;不考虑抵押、查封因素的影响,是指评估价值中不扣除被征收房屋已抵押担保的债权数额、拖欠的建设工程价款和其他法定优先受偿款。

第十二条 房地产价格评估机构应当安排注册房地产估价师对被征收房屋进行实地查勘,调查被征收房屋状况,拍摄反映被征收房屋内外部状况的照片等影像资料,做好实地查勘记录,并妥善保管。

被征收人应当协助注册房地产估价师对被征收房屋进行实地查勘,提供或者协助搜集被征收房屋价值评估所必需的情况和资料。

房屋征收部门、被征收人和注册房地产估价师应当在实地查勘记录上签字或者盖章确认。被征收人拒绝在实地查勘记录上签字或者盖章的,应当由房屋征收部门、注册房地产估价师和无利害关系的第三人见证,有关情况应当在评估报告中说明。

第十三条 注册房地产估价师应当根据评估对象和当地房地产市场状况,对市场法、收益法、成本法、假设开发法等评估方法进行适用性分析后,选用其中一种或者多种方法对被征收房屋价值进行评估。

被征收房屋的类似房地产有交易的,应当选用市场法评估;被征收房屋或者其类似房地产有经济收益的,应当选用收益法评估;被征收房屋是在建工程的,应当选用假设开发法评估。

可以同时选用两种以上评估方法评估的,应当选用两种以上评估方法评估,并对各种评估方法的测算结果进行校核和比较分析后，合理确定评估结果。

第十四条 被征收房屋价值评估应当考虑被征收房屋的区位、用途、建筑结构、新旧程度、建筑面积以及占地面积、土地使用权等影响被征收房屋价值的因素。

被征收房屋室内装饰装修价值，机器设备、物资等搬迁费用，以及停产停业损失等补偿，由征收当事人协商确定；协商不成的，可以委托房地产价格评估机构通过评估确定。

第十五条 房屋征收评估价值应当以人民币为计价的货币单位，精确到元。

第十六条 房地产价格评估机构应当按照房屋征收评估委托书或者委托合同的约定，向房屋征收部门提供分户的初步评估结果。分户的初步评估结果应当包括评估对象的构成及其基本情况和评估价值。房屋征收部门应当将分户的初步评估结果在征收范围内向被征收人公示。

公示期间，房地产价格评估机构应当安排注册房地产估价师对分户的初步评估结果进行现场说明解释。存在错误的，房地产价格评估机构应当修正。

第十七条 分户初步评估结果公示期满后，房地产价格评估机构应当向房屋征收部门提供委托评估范围内被征收房屋的整体评估报告和分户评估报告。房屋征收部门应当向被征收人转交分户评估报告。

整体评估报告和分户评估报告应当由负责房屋征收评估项目的两名以上注册房地产估价师签字，并加盖房地产价格评估机构公章。不得以印章代替签字。

第十八条 房屋征收评估业务完成后，房地产价格评估机构应当将评估报告及相关资料立卷、归档保管。

第十九条 被征收人或者房屋征收部门对评估报告有疑问

的，出具评估报告的房地产价格评估机构应当向其作出解释和说明。

第二十条 被征收人或者房屋征收部门对评估结果有异议的，应当自收到评估报告之日起10日内，向房地产价格评估机构申请复核评估。

申请复核评估的，应当向原房地产价格评估机构提出书面复核评估申请，并指出评估报告存在的问题。

第二十一条 原房地产价格评估机构应当自收到书面复核评估申请之日起10日内对评估结果进行复核。复核后，改变原评估结果的，应当重新出具评估报告；评估结果没有改变的，应当书面告知复核评估申请人。

第二十二条 被征收人或者房屋征收部门对原房地产价格评估机构的复核结果有异议的，应当自收到复核结果之日起10日内，向被征收房屋所在地评估专家委员会申请鉴定。被征收人对补偿仍有异议的，按照《国有土地上房屋征收与补偿条例》第二十六条规定处理。

第二十三条 各省、自治区住房城乡建设主管部门和设区城市的房地产管理部门应当组织成立评估专家委员会，对房地产价格评估机构做出的复核结果进行鉴定。

评估专家委员会由房地产估价师以及价格、房地产、土地、城市规划、法律等方面的专家组成。

第二十四条 评估专家委员会应当选派成员组成专家组，对复核结果进行鉴定。专家组成员为3人以上单数，其中房地产估价师不得少于二分之一。

第二十五条 评估专家委员会应当自收到鉴定申请之日起10日内，对申请鉴定评估报告的评估程序、评估依据、评估假设、评估技术路线、评估方法选用、参数选取、评估结果确定方式等评估技术问题进行审核,出具书面鉴定意见。

经评估专家委员会鉴定,评估报告不存在技术问题的,应当维持评估报告;评估报告存在技术问题的,出具评估报告的房地产价格评估机构应当改正错误,重新出具评估报告。

第二十六条 房屋征收评估鉴定过程中,房地产价格评估机构应当按照评估专家委员会要求,就鉴定涉及的评估相关事宜进行说明。需要对被征收房屋进行实地查勘和调查的,有关单位和个人应当协助。

第二十七条 因房屋征收评估、复核评估、鉴定工作需要查询被征收房屋和用于产权调换房屋权属以及相关房地产交易信息的,房地产管理部门及其他相关部门应当提供便利。

第二十八条 在房屋征收评估过程中,房屋征收部门或者被征收人不配合、不提供相关资料的,房地产价格评估机构应当在评估报告中说明有关情况。

第二十九条 除政府对用于产权调换房屋价格有特别规定外,应当以评估方式确定用于产权调换房屋的市场价值。

第三十条 被征收房屋的类似房地产是指与被征收房屋的区位、用途、权利性质、档次、新旧程度、规模、建筑结构等相同或者相似的房地产。

被征收房屋类似房地产的市场价格是指被征收房屋的类似房地产在评估时点的平均交易价格。确定被征收房屋类似房地产的市场价格,应当剔除偶然的和不正常的因素。

第三十一条 房屋征收评估、鉴定费用由委托人承担。但鉴定改变原评估结果的,鉴定费用由原房地产价格评估机构承担。复核评估费用由原房地产价格评估机构承担。房屋征收评估、鉴定费用按照政府价格主管部门规定的收费标准执行。

第三十二条 在房屋征收评估活动中,房地产价格评估机构和房地产估价师的违法违规行为，按照《国有土地上房屋征收与补偿条例》、《房地产估价机构管理办法》、《注册房地产估价师管理办法》等规定处罚。违反规定收费的，由政府价格主管部门依照《中华人民共和国价格法》规定处罚。

第三十三条　本办法自公布之日起施行。2003 年 12 月 1 日原建设部发布的《城市房屋拆迁估价指导意见》同时废止。但《国有土地上房屋征收与补偿条例》施行前已依法取得房屋拆迁许可证的项目，继续沿用原有规定。

建制镇规划建设管理办法

（1995 年 6 月 29 日建设部令第 44 号发布
根据 2011 年 1 月 26 日住房和城乡建设部令第 9 号
《关于废止和修改部分规章的决定》修正）

第一章　总　　则

第一条　为了加强建制镇规划建设管理，根据《城乡规划法》、《城市房地产管理法》等法律、行政法规的规定，制定本办法。

第二条　制定和实施建制镇规划，在建制镇规划区内进行建设和房地产、市政公用设施、镇容环境卫生等管理，必须遵守本办法。

第三条 本办法所称建制镇，是指国家按行政建制设立的镇，不含县城关镇。

本办法所称建制镇规划区，是指镇政府驻地的建成区和因建设及发展需要实行规划控制的区域。建制镇规划区的具体范围，在建制镇总体规划中划定。

第四条 建制镇规划建设要适应农村经济和社会发展的需要，为促进乡镇企业适当集中建设、农村富余劳动力向非农产业转移，加快农村城市化进程服务。

第五条 建制镇建设应当坚持合理布局、节约用地的原则，全面规划、正确引导、依靠群众、自力更生、因地制宜、逐步建设，实现经济效益、社会效益和环境效益的统一。

第六条 地处洪涝、地震、台风、滑坡等自然灾害容易发生地区的建制镇，应当按照国家和地方的有关规定，在建制镇总体规划中制定防灾措施。

第七条 国务院建设行政主管部门主管全国建制镇规划建设管理工作。

县级以上地方人民政府建设行政主管部门主管本行政区域内建制镇规划建设管理工作。

建制镇人民政府的建设行政主管部门负责建制镇的规划建设管理工作。

第八条 建制镇建设行政主管部门主要职责是：

（一）贯彻和执行国家及地方有关法律、行政法规、规章；

（二）负责编制建制镇的规划，并负责组织和监督规划的实施；

（三）负责县级建设行政主管部门授权的建设工程项目的设计管理与施工管理；

（四）负责县级建设行政主管部门授权的房地产管理；

（五）负责建制镇镇容和环境卫生、园林、绿化管理、市政公用设施的维护与管理；

（六）负责建筑市场、建筑队伍和个体工匠的管理；

（七）负责技术服务和技术咨询；

（八）负责建设统计、建设档案管理及法律、法规规定的其他职责。

第二章　规划管理

第九条　在县级以上地方人民政府城市规划行政主管部门指导下，建制镇规划由建制镇人民政府负责组织编制。

建制镇在设市城市规划区内的，其规划应服从设市城市的总体规划。

编制建制镇规划应当依照《村镇规划标准》进行。

第十条　建制镇的总体规划报县级人民政府审批，详细规划报建制镇人民政府审批。建制镇人民政府在向县级人民政府报请审批建制镇总体规划前，须经建制镇人民代表大会审查同意。

第十一条　任何组织和个人不得擅自改变已经批准的建制镇规划。确需修改时，由建制镇人民政府根据当地经济和社会发展需要进行调整，并报原审批机关审批。

第十二条　建制镇规划区内的土地利用各项建设必须符合建制镇规划，服从规划管理。

任何单位和个人必须服从建制镇人民政府根据建制镇规划作出的调整用地决定。

第十三条　建制镇规划区内的建设工程项目在报请计划部门批准时，必须附有县级以上建设行政主管部门的选址意见书。

第十四条　在建制镇规划区内进行建设需要申请用地的，必须持建设项目的批准文件,向建制镇建设行政主管部门申请定点,由建制镇建设行政主管部门根据规划核定其用地位置和界限,并提出规划设计条件的意见,报县级人民政府建设行政主管部门审批。县级人民政府建设行政主管部门审核批准的,发给建设用地规划许可证。建设单位和个人在取得建设用地规划许可证后,方可依法申请办理用地批准手续。

第十五条 建设规划用地批准后,任何单位和个人不得随意改变土地使用性质和范围。如需改变土地使用性质和范围,必须重新履行规划审批手续。

第十六条 在建制镇规划区内新建、扩建和改建建筑物、构筑物、道路、管线和其它工程设施,必须持有关批准文件向建制镇建设行政主管部门提出建设工程规划许可证的申请,由建制镇建设行政主管部门对工程项目施工图进行审查,并提出是否发给建设工程规划许可证的意见,报县级人民政府建设行政主管部门审批。县级人民政府建设行政主管部门审核批准的,发给建设工程规划许可证。建设单位和个人在取得建设工程规划许可证件和其他有关批准文件后,方可申请办理开工手续。

第十七条 在建制镇规划区内建临时建筑,必须经建制镇建设行政主管部门批准。临时建筑必须在批准的使用期限内拆除。如国家或集体需要用地,必须在规定期限内拆除。

禁止在批准临时使用的土地上建设永久性建筑物、构筑物和其它设施。

第十八条 建制镇建设行政主管部门有权对建制镇规划区内的建设工程是否符合规划要求进行检查。被检查者应当如实提供情况和资料,检查者有责任为被检查者保守技术秘密和业务秘密。

第三章 设计管理与施工管理

第十九条 在建制镇规划区内,凡建筑跨度、跨径或者高度超出规定范围的生产建筑、公共建筑、市政公用设施，以及二层以上的住宅（以下简称建设工程），必须由取得相应设计资格证书的单位进行设计，或者选用通用设计、标准设计。

跨度、跨径和高度的限定，由省、自治区、直辖市人民政府建设行政主管部门规定。

第二十条 建制镇规划区内的建设工程的设计，应当符合建制镇规划的要求，与建设工程所在地的周围环境相协调，保持地方特色和民族风格，体现时代特点。

第二十一条 建设工程设计应当贯彻适用、安全、经济、美观的原则，并应当符合国家和地方有关节约土地、能源、材料及抗御灾害的规定。

第二十二条 经过审查批准的设计文件，不得擅自更改。确需更改的，必须征得审批机关的同意。

第二十三条 建制镇规划区内的建设工程开工实行施工许可证制度。建设单位和个人应当根据《建设工程施工现场管理规定》的规定，取得施工许可证，并由建设行政主管部门派专人到现场定位放线或验线后，方可开工。

第二十四条 凡在建制镇规划区内承建工程项目的施工企业，必须持有《施工企业资质等级证书》或者《资质审查证书》，并到当地镇建设管理机构登记后，方可按照规定的经营范围承建工程。严禁无证或者越级承建工程。

在建制镇规划区内从事建筑施工的个体工匠应当到建制镇建设行政主管部门办理登记手续。

第二十五条 施工企业和个体工匠必须保证施工质量，按照有关的技术规定进行施工，使用符合工程质量要求的建筑构件和建筑材料。

第二十六条 县级人民政府建设行政主管部门应当对施工质

量进行监督检查,并督促有关部门或建设单位对建设项目进行竣工验收。凡验收不合格的,不得交付使用。

第四章 房地产管理

第二十七条 在建制镇规划区国有土地范围内从事房地产开发、交易,按照《城市房地产管理法》执行。

第二十八条 房屋所有人应当向房屋所在地建制镇建设行政主管部门申请登记,由县级人民政府建设行政主管部门或者其委托的机构核实并颁发房屋所有权证书或者房地产权证书。

房产转让或者变更时,应当向房屋所在地建制镇建设行政主管部门申请变更登记,由县级人民政府建设行政主管部门或者委托的机构核实并换发房屋所有权证书。

第二十九条 房屋所有人申请登记,应当提交房屋土地使用权证和下列证件:

(一)新建、扩建和改建的房屋,提交房屋所在地建设行政主管部门颁发的建设用地规划许可证、建设工程规划许可证;

(二)购买的房屋,提交原房屋所有权证或者房地产权属证书(以下简称房屋所有权证)、买卖合同和契证;

(三)受赠的房屋,提交原房屋所有权证、赠与书和契证;

(四)交换的房屋,提交双方的房屋所有权证、双方签订的交换协议书和契证;

(五)继承的房屋,提交原房屋所有权证、遗产继承证件和契证;

(六)分家析产分割的房屋,提交原房屋所有权证,分家析产单和契证。

第三十条 房产转让时,房屋的所有权和该房屋占用范围内的土地使用权同时转让。

第三十一条 房屋租赁,出租人和承租人应当签订书面租赁合同,约定租赁期限、租赁用途、租赁价格、修缮责任、双方的权利和义务等条款,并向建制镇建设行政主管部门登记备案。

第三十二条 建制镇规划区内的房屋因建制镇建设需要拆迁时,建设单位应当给予房屋所有人合理补偿,并对房屋使用人予以妥善安置。

被拆迁房屋的所有人或者使用人应当服从建制镇建设的需要,按期搬迁,不得借故拖延。

第五章 市政公用设施、环境卫生管理

第三十三条 从建制镇收取的城市维护建设税,必须用于建制镇市政公用设施的维护和建设,任何单位不得截留、挪用。

第三十四条 建制镇的市政公用设施应当逐步实行有偿使用制度。建制镇人民政府可以根据本地区经济发展情况,制定市政公用设施有偿使用办法。

第三十五条 建制镇人民政府可以根据谁投资谁受益的原则,组织有关单位和个人投资兴建市政公用设施。

国家依法保护投资人的合法权益。

第三十六条 任何单位和个人都应当遵守国家和地方有关建制镇市政公用设施的管理规定,合理使用市政公用设施。

严禁损毁建制镇规划区内的市政公用设施和集贸市场。

第三十七条 任何单位和个人都应当遵守国家有关风景名胜、文物保护的法规,不得损坏、擅自占用建制镇内园林绿地、绿化设施和树木花草,破坏文物古迹和风景名胜。

第三十八条 建制镇建设行政主管部门应当加强建制镇镇容和环境卫生管理,保持建制镇容貌整齐,环境清洁卫生。

第六章　罚　　则

第三十九条　在建制镇规划区内，未取得建设用地规划许可证而取得建设用地批准文件，占用土地的，批准文件无效，占用的土地由县级以上人民政府责令退回。

第四十条　在建制镇规划区内，未取得建设工程规划许可证件或者违反建设工程规划许可证的规定进行建设，严重影响建制镇规划的，由县级人民政府建设行政主管部门责令停止建设，限期拆除或者没收违法建筑物、构筑物及其他设施；虽影响建制镇规划，但尚可采取改正措施的，由县级人民政府建设行政主管部门责令限期改正，可以并处罚款。

第四十一条　有下列行为之一的，由县级人民政府建设行政主管部门责令停止设计或者施工、限期改正，可以并处罚款；情节严重的，提请原发证机关吊销设计或者施工的资格证书：

（一）未取得相应的设计资质证书，承担建筑跨度、跨径和高度超出规定范围的工程以及二层以上住宅的设计任务的；

（二）未取得施工《资质等级证书》或者《资质审查证书》，或者未按规定的经营范围承担施工任务的；

（三）未取得施工许可证而擅自开工的；

（四）未按设计图纸施工或者擅自修改设计图纸的；

（五）不按有关技术规定施工或者使用不符合工程质量要求的建筑材料和建筑构配件的。

第四十二条　损坏房屋、市政公用设施的，由建制镇人民政府建设行政主管部门责令停止侵害、恢复原状、赔偿损失，可以并处罚款。

第四十三条　擅自在建制镇规划区内修建临时建筑物、构筑物和其它设施的,或者在批准临时使用的土地上建设永久性建筑物、构筑物和其它设施的,由建制镇人民政府建设行政主管部门责令限期拆除,可以并处罚款。

第四十四条　破坏建制镇镇容和环境卫生的,由建制镇人民政府建设行政主管部门依据《城市市容和环境卫生管理条例》的规定进行处罚。

第四十五条　占用、损坏建制镇园林绿地、绿化设施和树木花草的,由建制镇人民政府建设行政主管部门依据《城市绿化条例》的规定进行处罚。

第四十六条　损坏建制镇规划区内的文物古迹、古树名木和风景名胜的,依照有关法律、法规的规定处罚。

第四十七条　违反本办法,构成违反治安管理的行为,依照治安管理处罚法的规定处罚;构成犯罪的,依法追究刑事责任。

第四十八条　建制镇建设行政主管部门应当执行有关城建监察的规定,确定执法人员,对建制镇规划、市政公用设施、园林绿化和环境卫生、风景名胜的实施情况进行执法检查。

第七章　附　则

第四十九条　省、自治区、直辖市人民政府建设行政主管部门可以根据办法制定实施细则。

第五十条　本办法由国务院建设行政主管部门负责解释。

第五十一条　本办法自 1995 年 7 月 1 日起施行。

城乡规划违法违纪行为处分办法

（2012年12月3日监察部、人力资源和社会保障部、住房和城乡建设部令第29号公布　根据2016年1月18日监察部、人力资源和社会保障部、住房和城乡建设部令第33号《关于修改〈城乡规划违法违纪行为处分办法〉的决定》修正）

第一条　为了加强城乡规划管理，惩处城乡规划违法违纪行为，根据《中华人民共和国城乡规划法》、《中华人民共和国行政监察法》、《中华人民共和国公务员法》、《行政机关公务员处分条例》及其他有关法律、行政法规，制定本办法。

第二条　有城乡规划违法违纪行为的单位中负有责任的领导人员和直接责任人员，以及有城乡规划违法违纪行为的个人，应当承担纪律责任。属于下列人员的（以下统称有关责任人员），由任免机关或者监察机关按照管理权限依法给予处分：

（一）行政机关公务员；

（二）法律、法规授权的具有公共事务管理职能的组织中从事公务的人员；

（三）国家行政机关依法委托从事公共事务管理活动的组织中从事公务的人员；

（四）企业、人民团体中由行政机关任命的人员。

事业单位工作人员有本办法规定的城乡规划违法违纪行为的，依照《事业单位工作人员处分暂行规定》执行。

法律、行政法规、国务院决定及国务院监察机关、国务院人力资源社会保障部门制定的处分规章对城乡规划违法违纪行为的处分另有规定的，从其规定。

第三条 地方人民政府有下列行为之一的，对有关责任人员给予记过或者记大过处分；情节较重的，给予降级或者撤职处分；情节严重的，给予开除处分：

（一）依法应当编制城乡规划而未组织编制的；

（二）未按法定程序编制、审批、修改城乡规划的。

第四条 地方人民政府有下列行为之一的，对有关责任人员给予警告、记过或者记大过处分；情节较重的，给予降级或者撤职处分；情节严重的，给予开除处分：

（一）制定或者作出与城乡规划法律、法规、规章和国家有关文件相抵触的规定或者决定，造成不良后果或者经上级机关、有关部门指出仍不改正的；

（二）在城市总体规划、镇总体规划确定的建设用地范围以外设立各类开发区和城市新区的；

（三）违反风景名胜区规划，在风景名胜区内设立各类开发区的；

（四）违反规定以会议或者集体讨论决定方式要求城乡规划主管部门对不符合城乡规划的建设项目发放规划许可的。

第五条 地方人民政府及城乡规划主管部门委托不具有相应资质等级的单位编制城乡规划的，对有关责任人员给予警告或者记过处分；情节较重的，给予记大过或者降级处分；情节严重的，给予撤职处分。

第六条　地方人民政府及其有关主管部门工作人员，利用职权或者职务上的便利，为自己或者他人谋取私利，有下列行为之一的，给予记过或者记大过处分；情节较重的，给予降级或者撤职处分；情节严重的，给予开除处分：

（一）违反法定程序干预控制性详细规划的编制和修改，或者擅自修改控制性详细规划的；

（二）违反规定调整土地用途、容积率等规划条件核发规划许可，或者擅自改变规划许可内容的；

（三）违反规定对违法建设降低标准进行处罚，或者对应当依法拆除的违法建设不予拆除的。

第七条　乡、镇人民政府或者地方人民政府承担城乡规划监督检查职能的部门及其工作人员有下列行为之一的，对有关责任人员给予记过或者记大过处分；情节较重的，给予降级或者撤职处分；情节严重的，给予开除处分：

（一）发现未依法取得规划许可或者违反规划许可的规定在规划区内进行建设的行为不予查处，或者接到举报后不依法处理的；

（二）在规划管理过程中，因严重不负责任致使国家利益遭受损失的。

第八条　地方人民政府城乡规划主管部门及其工作人员在国有建设用地使用权出让合同签订后，违反规定调整土地用途、容积率等规划条件的，对有关责任人员给予警告或者记过处分；情节较重的，给予记大过或者降级处分；情节严重的，给予撤职处分。

第九条　地方人民政府城乡规划主管部门及其工作人员有下列行为之一的，对有关责任人员给予警告处分；情节较重的，给予记过或者记大过处分；情节严重的，给予降级处分：

（一）未依法对经审定的修建性详细规划、建设工程设计方案总平面图予以公布的；

（二）未征求规划地段内利害关系人意见，同意修改修建性详细规划、建设工程设计方案总平面图的。

第十条 县级以上地方人民政府城乡规划主管部门及其工作人员或者由省、自治区、直辖市人民政府确定的镇人民政府及其工作人员有下列行为之一的，对有关责任人员给予警告或者记过处分；情节较重的，给予记大过或者降级处分；情节严重的，给予撤职处分：

（一）违反规划条件核发建设用地规划许可证、建设工程规划许可证的；

（二）超越职权或者对不符合法定条件的申请人核发选址意见书、建设用地规划许可证、建设工程规划许可证、乡村建设规划许可证的；

（三）对符合法定条件的申请人不予核发或者未在法定期限内核发选址意见书、建设用地规划许可证、建设工程规划许可证、乡村建设规划许可证的；

（四）违反规划批准在历史文化街区、名镇、名村核心保护范围内进行新建、扩建活动或者违反规定批准对历史建筑进行迁移、拆除的；

（五）违反基础设施用地的控制界限（黄线）、各类绿地范围的控制线（绿线）、历史文化街区和历史建筑的保护范围界限（紫线）、地表水体保护和控制的地域界限（蓝线）等城乡规划强制性内容的规定核发规划许可的。

第十一条 县人民政府城乡规划主管部门未依法组织编制或者未按照县人民政府所在地镇总体规划的要求编制县人民政府所在地镇的控制性详细规划的，对有关责任人员给予记过或者记大过处分；情节较重的，给予降级或者撤职处分；情节严重的，给予开除处分。

第十二条 城市人民政府城乡规划主管部门未依法组织编制或者未按照城市总体规划的要求编制城市的控制性详细规划的,对有关责任人员给予记过或者记大过处分;情节较重的,给予降级或者撤职处分;情节严重的,给予开除处分。

第十三条 县级以上人民政府有关部门及其工作人员有下列行为之一的,对有关责任人员给予警告或者记过处分;情节较重的,给予记大过或者降级处分;情节严重的,给予撤职处分:

(一)对未依法取得选址意见书的建设项目核发建设项目批准文件的;

(二)未依法在国有土地使用权出让合同中确定规划条件或者改变国有土地使用权出让合同中依法确定的规划条件的;

(三)对未依法取得建设用地规划许可证的建设单位划拨国有土地使用权的;

(四)对未在乡、村庄规划区建设用地范围内取得乡村建设规划许可证的建设单位或者个人办理用地审批手续,造成不良影响的。

第十四条 县级以上地方人民政府及其有关主管部门违反风景名胜区规划,批准在风景名胜区的核心景区内建设宾馆、培训中心、招待所、疗养院以及别墅、住宅等与风景名胜资源保护无关的其他建筑物的,对有关责任人员给予降级或者撤职处分。

第十五条 在国家级风景名胜区内修建缆车、索道等重大建设工程,项目的选址方案未经省级人民政府住房城乡建设主管部门或者直辖市风景名胜区主管部门核准,县级以上地方人民政府有关主管部门擅自核发选址意见书的,对有关责任人员给予警告或者记过处分;情节较重的,给予记大过或者降级处分;情节严重的,给予撤职处分。

第十六条 建设单位及其工作人员有下列行为之一的,对有关责任人员给予警告、记过或者记大过处分;情节较重的,给予降级或者撤职处分;情节严重的,给予开除处分:

(一)未依法取得建设项目规划许可,擅自开工建设的;

(二)未经城乡规划主管部门许可,擅自改变规划条件、设计方案,或者不按照规划要求配建公共设施及配套工程的;

(三)以伪造、欺骗等非法手段获取建设项目规划许可手续的;

(四)未经批准或者未按照批准内容进行临时建设,或者临时建筑物、构筑物超过批准期限不拆除的;

(五)违反历史文化名城、名镇、名村保护规划在历史文化街区、名镇、名村核心保护范围内,破坏传统格局、历史风貌,或者擅自新建、扩建、拆除建筑物、构筑物或者其他设施的;

(六)违反风景名胜区规划在风景名胜区核心景区内建设宾馆、培训中心、招待所、疗养院以及别墅、住宅等与风景名胜资源保护无关的其他建筑物的。

第十七条 受到处分的人员对处分决定不服的,可以依照《中华人民共和国行政监察法》、《中华人民共和国公务员法》、《行政机关公务员处分条例》等有关规定,申请复核或者申诉。

第十八条 任免机关、监察机关和城乡规划主管部门建立案件移送制度。

任免机关或者监察机关查处城乡规划违法违纪案件,认为应当由城乡规划主管部门给予行政处罚的,应当将有关案件材料移送城乡规划主管部门。城乡规划主管部门应当依法及时查处,并将处理结果书面告知任免机关或者监察机关。

城乡规划主管部门查处城乡规划违法案件,认为应当由任免机关或者监察机关给予处分的,应当在作出行政处罚决定或者其他处理决定后，及时将有关案件材料移送任免机关或者监察机关。任免机关或者监察机关应当依法及时查处，并将处理结果书面告知城乡规划主管部门。

第十九条　有城乡规划违法违纪行为，应当给予党纪处分的，移送党的纪律检查机关处理；涉嫌犯罪的，移送司法机关依法追究刑事责任。

第二十条　本办法由监察部、人力资源社会保障部、住房城乡建设部负责解释。

第二十一条　本办法自2013年1月1日起施行。

城市设计管理办法

（2017年3月14日住房和城乡建设部令第35号公布
自2017年6月1日起施行）

第一条　为提高城市建设水平，塑造城市风貌特色，推进城市设计工作，完善城市规划建设管理，依据《中华人民共和国城乡规划法》等法律法规，制定本办法。

第二条　城市、县人民政府所在地建制镇开展城市设计管理工作，适用本办法。

第三条　城市设计是落实城市规划、指导建筑设计、塑造城市特色风貌的有效手段，贯穿于城市规划建设管理全过程。通过城市设计,从整体平面和立体空间上统筹城市建筑布局、协调城市景观风貌,体现地域特征、民族特色和时代风貌。

第四条 开展城市设计,应当符合城市(县人民政府所在地建制镇)总体规划和相关标准;尊重城市发展规律,坚持以人为本,保护自然环境,传承历史文化,塑造城市特色,优化城市形态,节约集约用地,创造宜居公共空间;根据经济社会发展水平、资源条件和管理需要,因地制宜,逐步推进。

第五条 国务院城乡规划主管部门负责指导和监督全国城市设计工作。

省、自治区城乡规划主管部门负责指导和监督本行政区域内城市设计工作。

城市、县人民政府城乡规划主管部门负责本行政区域内城市设计的监督管理。

第六条 城市、县人民政府城乡规划主管部门,应当充分利用新技术开展城市设计工作。有条件的地方可以建立城市设计管理辅助决策系统,并将城市设计要求纳入城市规划管理信息平台。

第七条 城市设计分为总体城市设计和重点地区城市设计。

第八条 总体城市设计应当确定城市风貌特色,保护自然山水格局,优化城市形态格局,明确公共空间体系,并可与城市(县人民政府所在地建制镇)总体规划一并报批。

第九条 下列区域应当编制重点地区城市设计:

(一)城市核心区和中心地区;

(二)体现城市历史风貌的地区;

(三)新城新区;

(四)重要街道,包括商业街;

(五)滨水地区,包括沿河、沿海、沿湖地带;

（六）山前地区；

（七）其他能够集中体现和塑造城市文化、风貌特色，具有特殊价值的地区。

第十条 重点地区城市设计应当塑造城市风貌特色，注重与山水自然的共生关系，协调市政工程，组织城市公共空间功能，注重建筑空间尺度，提出建筑高度、体量、风格、色彩等控制要求。

第十一条 历史文化街区和历史风貌保护相关控制地区开展城市设计，应当根据相关保护规划和要求，整体安排空间格局，保护延续历史文化，明确新建建筑和改扩建建筑的控制要求。

重要街道、街区开展城市设计，应当根据居民生活和城市公共活动需要，统筹交通组织，合理布置交通设施、市政设施、街道家具，拓展步行活动和绿化空间，提升街道特色和活力。

第十二条 城市设计重点地区范围以外地区，可以根据当地实际条件，依据总体城市设计，单独或者结合控制性详细规划等开展城市设计，明确建筑特色、公共空间和景观风貌等方面的要求。

第十三条 编制城市设计时，组织编制机关应当通过座谈、论证、网络等多种形式及渠道，广泛征求专家和公众意见。审批前应依法进行公示，公示时间不少于30日。

城市设计成果应当自批准之日起20个工作日内，通过政府信息网站以及当地主要新闻媒体予以公布。

第十四条 重点地区城市设计的内容和要求应当纳入控制性详细规划，并落实到控制性详细规划的相关指标中。

重点地区的控制性详细规划未体现城市设计内容和要求的，应当及时修改完善。

第十五条 单体建筑设计和景观、市政工程方案设计应当符合城市设计要求。

第十六条 以出让方式提供国有土地使用权,以及在城市、县人民政府所在地建制镇规划区内的大型公共建筑项目,应当将城市设计要求纳入规划条件。

第十七条 城市、县人民政府城乡规划主管部门负责组织编制本行政区域内总体城市设计、重点地区的城市设计,并报本级人民政府审批。

第十八条 城市、县人民政府城乡规划主管部门组织编制城市设计所需的经费,应列入城乡规划的编制经费预算。

第十九条 城市、县人民政府城乡规划主管部门开展城乡规划监督检查时,应当加强监督检查城市设计工作情况。

国务院和省、自治区人民政府城乡规划主管部门应当定期对各地的城市设计工作和风貌管理情况进行检查。

第二十条 城市、县人民政府城乡规划主管部门进行建筑设计方案审查和规划核实时,应当审核城市设计要求落实情况。

第二十一条 城市、县人民政府城乡规划主管部门开展城市规划实施评估时,应当同时评估城市设计工作实施情况。

第二十二条 城市设计的技术管理规定由国务院城乡规划主管部门另行制定。

第二十三条 各地可根据本办法,按照实际情况,制定实施细则和技术导则。

第二十四条 县人民政府所在地以外的镇可以参照本办法开展城市设计工作。

第二十五条 本办法自 2017 年 6 月 1 日起施行。

城乡规划编制单位资质管理办法

（2024 年 1 月 24 日自然资源部令第 11 号公布
自公布之日起施行）

第一条　为贯彻落实党中央“多规合一”改革精神，提升国土空间规划编制的科学性，促进行业规范发展，根据《中华人民共和国土地管理法》《中华人民共和国城乡规划法》《中华人民共和国土地管理法实施条例》等法律法规，制定本办法。

第二条　国家建立国土空间规划体系，将主体功能区规划、土地利用规划、城乡规划等空间类规划融合为统一的国土空间规划。

在中华人民共和国境内从事国土空间规划编制工作的单位，应当取得相应等级的城乡规划（国土空间规划）编制单位资质，并在资质等级规定的范围内承担业务。

第三条　国务院自然资源主管部门负责全国城乡规划（国土空间规划）编制单位资质的监督管理工作。

县级以上地方人民政府自然资源主管部门负责本行政区域内城乡规划（国土空间规划）编制单位资质的监督管理工作。

第四条　城乡规划（国土空间规划）编制单位资质分为甲、乙两级。

甲级资质由国务院自然资源主管部门审批，乙级资质由登记注册所在地的省级人民政府自然资源主管部门审批。

初次申请应当申请乙级资质；取得乙级资质证书满两年，可以申请甲级资质。

国务院自然资源主管部门建立全国城乡规划（国土空间规划）编制单位管理信息系统，依托该系统开展资质申报、审核、核查及日常监管等工作，提升信息化管理水平。

第五条　申请甲级资质，应当符合下列条件：

（一）有法人资格。

（二）专业技术人员不少于 40 人。其中，具有城乡规划、土地规划管理相关专业高级技术职称的分别不少于 1 人，共不少于 5 人；具有道路交通、给水排水、建筑、电力电信、燃气热力、地理、风景园林、生态环境、经济、地理信息、海洋、测绘、林草、地质相关专业高级技术职称的总人数不少于 5 人，且不少于 4 个专业类别。具有城乡规划、土地规划管理相关专业中级技术职称的分别不少于 2 人，共不少于 10 人；具有其他专业中级技术职称的不少于 15 人，其中具有道路交通、给水排水、建筑、电力电信、燃气热力、地理、风景园林、生态环境、经济、地理信息、海洋、测绘、林草、地质相关专业中级技术职称的总人数不少于 10 人。

（三）注册城乡规划师不少于 10 人。

（四）有 400 平方米以上的固定工作场所，以及完善的技术、质量、安全、保密、档案、财务管理制度。

（五）在申请之日前 5 年内应当牵头或者独立承担并完成相关空间类规划项目不少于 5 项，且项目总经费不低于 600 万元。成立不满 5 年的，业绩要求按已满年度等比例计算。

第六条　申请乙级资质，应当符合下列条件：

（一）有法人资格。

（二）专业技术人员不少于 20 人。其中具有城乡规划、土地规划管理相关专业高级技术职称的分别不少于1人；具有道路交通、给水排水、建筑、电力电信、燃气热力、地理、风景园林、生态环境、经济、地理信息、海洋、测绘、林草、地质相关专业高级技术职称的总人数不少于2人。具有城乡规划、土地规划管理相关专业中级技术职称的分别不少于1人，共不少于5人；具有其他专业中级技术职称的不少于10人，其中具有道路交通、给水排水、建筑、电力电信、燃气热力、地理、风景园林、生态环境、经济、地理信息、海洋、测绘、林草、地质相关专业中级技术职称的总人数不少于5人。

（三）注册城乡规划师不少于3人。

（四）有200平方米以上的固定工作场所，以及完善的技术、质量、安全、保密、档案、财务管理制度。

第七条 城乡规划（国土空间规划）编制单位可以聘用70周岁以下的退休高级职称技术人员或者注册城乡规划师，甲级资质单位不超过2人，乙级资质单位不超过1人。

隶属于高等院校的规划编制单位，专职技术人员不得低于技术人员总数的70%；其他规划编制单位的专业技术人员应当全部为本单位专职人员。

第八条 城乡规划（国土空间规划）编制单位资质审批实行全流程网上办理，申请人应当提交下列材料：

（一）申请表；

（二）营业执照或者事业单位法人证书；

（三）法定代表人的身份证明、任职文件；

（四）主要技术负责人的身份证明、任职文件、学历证书、职称证书等；

（五）专业技术人员的身份证明、执业资格证明、学历证书、职称证书、劳动合同、申请前连续三个月在本单位缴纳社会保险记录、退休证等；

（六）工作场所证明材料。

除前款规定的条件外，申请甲级资质的，还应当按照本办法要求提交牵头承担并完成的相关规划业绩情况；申请乙级资质的，根据实际提交相关业绩情况。

第九条　自然资源主管部门收到申请后，应当根据下列情形分别作出处理：

（一）申请材料齐全并符合法定形式的，应当决定受理并出具受理凭证；

（二）申请材料不齐全或者不符合法定形式的，应当在 5 日内一次性告知申请人需要补正的全部内容，逾期不告知的，自收到申请材料之日起即为受理；

（三）申请事项依法不属于本机关职责范围的，应当即时作出不予受理的决定，并告知申请人向有关行政机关申请。

第十条　自然资源主管部门应当自受理申请之日起 15 个工作日内作出决定并及时公告，根据需要可以组织专家对申请材料进行评审，必要时可以组织实地核查。

省级人民政府自然资源主管部门应当自乙级资质审批决定作出之日起 30 日内，将审批情况录入全国城乡规划（国土空间规划）编制单位管理信息系统。

第十一条　城乡规划（国土空间规划）编制单位资质证书有效期为 5 年。乙级资质的有效期可以根据实际情况适当调整。

城乡规划（国土空间规划）编制单位资质证书分为纸质证书和电子证书，电子证书和纸质证书具有同等法律效力。纸质证书正本、副本各一份，由国务院自然资源主管部门统一印制，纸质证书遗失或者损毁的，不再补发。

第十二条　资质证书有效期届满需要延续的，规划编制单位应当在有效期届满 6 个月前向原审批自然资源主管部门提出申请,并按照本办法第八条的要求提交申请材料。

规划编制单位按要求提出延续申请后,自然资源主管部门应当在资质证书有效期届满前作出是否准予延续的决定;逾期未作出决定的,视为准予延续。

第十三条 资质证书有效期内,单位名称、地址、法定代表人等发生变更的,应当在办理相关变更手续后30日内向原审批自然资源主管部门申请办理资质证书变更手续。

第十四条 申请资质证书变更,应当符合相应的资质等级条件,并提交下列材料:

(一)资质证书变更申请;

(二)变更后的营业执照或者事业单位法人证书;

(三)其他与资质变更事项有关的证明材料。

第十五条 规划编制单位合并的,合并后存续或者新设立的编制单位可以承继合并前各单位中较高的资质等级,但应当符合相应的资质等级条件,并按照本办法重新核定。

规划编制单位分立的,分立后的单位资质等级,根据实际达到的资质条件,按照本办法重新核定。

规划编制单位改制,改制后不再符合原资质条件的,应当按照其实际达到的资质条件重新核定其资质等级;资质等级未发生变化的,按照本办法第十四条规定办理。

第十六条 规划编制单位设立的分支机构,具有独立法人资格的,应当按照本办法规定申请资质证书。不具有独立法人资格的,不得以分支机构名义承担规划编制业务。

第十七条 甲级城乡规划(国土空间规划)编制单位承担国土空间规划编制业务的范围不受限制。

乙级城乡规划(国土空间规划)编制单位可以在全国范围内承担下列业务:

（一）城区常住人口20万以下市县国土空间总体规划、乡镇国土空间总体规划的编制；

（二）乡镇、登记注册所在地城市和城区常住人口100万以下城市，法律法规对于规划编制单位资质有特定要求的有关专项规划的编制；

（三）详细规划的编制；

（四）建设项目规划选址和用地预审阶段相关论证报告的编制。

国土空间规划编制组织机关应当委托具有相应资质的规划编制单位承担具体规划编制业务。涉及军事、军工、国家安全要害部门、关键位置的涉密项目委托，国土空间规划编制组织机关应当强化保密管理。

第十八条　规划编制单位提交的国土空间规划编制成果，应当符合有关法律、法规和规章的规定，符合有关标准、规范和上级国土空间规划的强制性内容。

规划编制单位应当在规划编制成果文本扉页注明牵头单位资质等级和证书编号。规划编制单位及其项目负责人、技术负责人对规划编制成果是否符合上述要求终身负责。

两个及以上规划编制单位合作编制国土空间规划，由牵头单位对编制成果质量负总责，其他单位按照合同约定承担相应责任。

第十九条　国务院自然资源主管部门建立城乡规划（国土空间规划）编制单位信用记录，并向社会公开规划编制单位基本信息、接受行政处罚等情况。

规划编制单位应当及时更新全国城乡规划（国土空间规划）编制单位管理信息系统中的单位基本情况、人员信息、业绩、合同履约、接受行政处罚等情况，并向有关自然资源主管部门提供真实、准确、完整的信用信息。

第二十条　县级以上人民政府自然资源主管部门应当充分运用大数据等技术手段，加强对规划编制单位的风险预警和信用监管，提升监管精准化、智能化水平。

第二十一条　县级以上人民政府自然资源主管部门依法对规划编制单位进行检查，应当有2名以上监督检查人员参加，有权采取下列措施：

（一）要求被检查单位提供资质证书，有关人员的职称证书、注册证书、学历证书、社会保险证明等，有关国土空间规划编制成果以及有关技术管理、质量管理、保密管理、档案管理、财务管理、安全管理等企业内部管理制度文件；

（二）进入被检查单位进行检查，查阅相关资料；

（三）纠正违反有关法律、法规和本办法以及有关规范、标准的行为。

第二十二条　对规划编制单位实施监督检查，不得妨碍被检查单位正常的生产经营活动，不得索取或者收受财物，不得谋取其他利益。有关单位和个人对依法进行的监督检查应当协助与配合。

县级以上人民政府自然资源主管部门应当将监督检查情况和处理结果予以记录，由监督检查人员签字后归档，并将违法事实、处理结果或者处理建议及时告知批准该规划编制单位资质的自然资源主管部门。

第二十三条　有下列情形之一的，原审批自然资源主管部门或者其上级机关，根据利害关系人的请求或者依据职权，依照《行政许可法》第六十九条的规定撤销规划编制单位的资质：

（一）自然资源主管部门工作人员滥用职权、玩忽职守同意批准资质的；

（二）超越法定职权审批资质的；

（三）违反法定程序审批资质的；

（四）对不符合条件的申请人同意批准资质的；

（五）依法可以撤销资质证书的其他情形。

第二十四条 有下列情形之一的，自然资源主管部门应当依照《行政许可法》第七十条的规定注销规划编制单位的资质，并公告其资质证书作废：

（一）资质证书有效期届满未申请延续的；

（二）规划编制单位依法终止的；

（三）资质依法被撤销、吊销的；

（四）法律、法规规定应当注销资质的其他情形。

第二十五条 自然资源主管部门发现申请人隐瞒有关情况或者提供虚假材料申请资质的，不予受理申请或者不予同意资质审批，并给予警告，1 年内不得再次申请资质。

以欺骗、贿赂等不正当手段取得资质证书的，由原审批自然资源主管部门吊销其资质证书，并处 10 万元罚款，3 年内不得再次申请资质。

第二十六条 涂改、倒卖、出租、出借或者以其他形式非法转让资质证书的，由县级以上地方人民政府自然资源主管部门给予警告，责令限期改正，并处 10 万元罚款；造成损失的，依法承担赔偿责任；涉嫌构成犯罪的，依法追究刑事责任。

第二十七条 规划编制单位超越资质等级承担国土空间规划编制业务，或者违反国家有关标准编制国土空间规划的，由所在地市、县人民政府自然资源主管部门责令限期改正，处以项目合同金额 1 倍以上 2 倍以下的罚款；情节严重的，责令停业整顿，由原审批自然资源主管部门降低其资质等级或者吊销资质证书；造成损失的，依法承担赔偿责任。

未取得资质或者以欺骗等手段取得资质的单位，违法承担国土空间规划编制业务的，依照前款规定处以罚款；造成损失的，依法承担赔偿责任。

第二十八条　规划编制单位未按照本办法要求及时更新全国城乡规划（国土空间规划）编制单位管理信息系统相关信息的，由县级以上地方人民政府自然资源主管部门责令限期改正；逾期未改正的，可以处1000元以上1万元以下的罚款。

第二十九条　自然资源主管部门应当采取措施，加强对规划编制单位的批后监管。规划编制单位取得资质后不再符合相应资质条件的，由原审批自然资源主管部门责令限期改正，整改到位前作为风险提示信息向社会公开；逾期不改正的，降低其资质等级或者吊销资质证书。

第三十条　自然资源主管部门及其工作人员，违反本办法，有下列情形之一的，依法给予处分；涉嫌构成犯罪的，依法追究刑事责任：

（一）对不符合条件的申请人同意批准资质或者超越法定职权批准资质的；

（二）对符合法定条件的申请人不予同意资质审批或者未在法定期限内作出同意审批决定的；

（三）对符合条件的申请不予受理的；

（四）利用职务上的便利，索取或者收受他人财物或者谋取其他利益的；

（五）不依法履行监督职责或者监督不力，造成严重后果的。

第三十一条　本办法施行之前，取得自然资源主管部门核发城乡规划编制单位资质证书的单位和列入土地规划机构推荐名录的土地规划编制单位，2025年12月31日前可以按照相关要求承担相关国土空间规划编制业务。

第三十二条　本办法自公布之日起施行。